AF277754

Grupo Administrativo de la Función Administrativa del Servicio Aragonés de Salud

Octubre, 2025

La diferencia entre aprobar y sacar plaza

Grupo Administrativo de la Función Administrativa

SERVICIO ARAGONÉS DE SALUD

Si aún no dispones de tu **Curso MAD360**, te ofrecemos un acceso GRATIS de 30 días para que disfrutes de los siguientes recursos:

- Técnicas de Memoria 360.
- MADTEST: Test *online* Nivel PRO.
- Temario en formato digital.
- Vídeos y esquemas.
- Planificación de estudio.
- Foro entre opositores hasta la fecha del examen.*
- Recursos y novedades exclusivas.
- Consúltanos sobre tu oposición y proceso selectivo.
- Actualizaciones legislativas (Boletines Oficiales) hasta 60 días antes de la fecha del examen.*

Para acceder a esta prueba del Curso MAD360** será necesaria la compra de todos los libros para esta especialidad de la edición 2025.

Regístrate en **mad.es/iniciar-sesion** y en la pestaña MIS CURSOS valida los códigos que encuentras en la última página de tus libros.

NOTA IMPORTANTE:

* Examen de esta categoría profesional correspondiente a la convocatoria publicada en el BOA n.º 166, de 28 de agosto de 2025, o hasta el 31 de octubre de 2026, lo que se cumpla antes, y previa renovación del servicio.

** El acceso al CURSO MAD360 estará disponible desde octubre de 2025 (algunos recursos podrían estar disponibles en fecha posterior). Tendrá una duración de 30 días RENOVABLES mediante pago, desde la validación de códigos, o hasta el 30 de abril de 2027, lo que se cumpla antes.

MAD se reserva el derecho a ampliar dichas fechas.

Grupo Administrativo de la Función Administrativa del Servicio Aragonés de Salud

Test del temario

Autores

ENCARNA ROJO FRANCO
PROFESORA DE DERECHO PÚBLICO

JOSÉ LUIS GARRIDO VELA
LICENCIADO EN DERECHO

FRANCISCO JESÚS TORRES FONSECA
LICENCIADO EN DERECHO

DOMINGO GÓMEZ MARTÍNEZ
LICENCIADO EN DERECHO
TÉCNICO DE FUNCIÓN ADMINISTRATIVA DEL SAS

LUIS SILVA GARCÍA
DIPLOMADO UNIVERSITARIO EN ENFERMERÍA
RECUPERACIÓN DE URGENCIAS

CRISTINA RODRÍGUEZ RÍOS
LICENCIADA EN DERECHO

CARLOS TOJEIRO ALCALÁ
INGENIERO INFORMÁTICO
TITULADO MCP DE MICROSOFT

MIGUEL ÁNGEL NAVAS DUEÑAS
INGENIERO SUPERIOR EN TELECOMUNICACIONES
PROFESOR DE INFORMÁTICA DE CICLOS FORMATIVOS DE GRADO
MEDIO Y BACHILLERATO

SERGIO JIMENO MOLINS
INGENIERO SUPERIOR EN TELECOMUNICACIONES PROFESOR DE
EDUCACIÓN SECUNDARIA OBLIGATORIA Y BACHILLERATO

© 7 Editores Recursos para la Cualificación Profesional y el Empleo, S.L. (7 Editores)
© Los autores
Primera edición, octubre 2025 (214 páginas)
Derechos de edición reservados a favor de 7 Editores
IMPRESO EN ESPAÑA
Diseño Portada: 7 Editores
Edita: 7 Editores
Avda. San Francisco Javier, 9 · Edificio Sevilla 2 · Planta 11 · Módulos 25-27 · 41018 Sevilla
Teléfono: 954 784 411 · WEB: www.mad.es · e-mail: administracion@7editores.com
ISBN: 979-13-702-8121-2
© "Editorial Mad" y "Eduforma" son nombres comerciales registrados de
7 Editores Recursos para la Cualificación Profesional y el Empleo, S.L.

Índice

TEST MATERIA COMÚN

TEST MATERIA ESPECÍFICA

TEST
MATERIA COMÚN

TEST N.º 1

La Constitución española de 1978: estructura y contenido. Principios que la informan. Los derechos fundamentales y sus garantías. La protección a la salud en la Constitución

1. ¿En qué se fundamenta la Constitución Española?

a) En un Estado social y democrático de Derecho.
b) En la indisoluble unidad de la Nación española.
c) En la independencia de los poderes del Estado.
d) En la organización territorial del Estado.

2. Según el artículo 3 de la CE, el castellano es la lengua oficial del Estado y todos los españoles:

a) Tienen el deber de usar y el derecho de conocer el castellano.
b) Tienen el derecho y el deber de conocer el castellano.
c) Tienen el deber de conocer y el derecho de usar el castellano.
d) Tienen el derecho de conocer y usar el castellano.

3. La Constitución Española reconoce y garantiza el derecho a la autonomía:

a) De las nacionalidades que la integran.
b) De las regiones que la integran.
c) De las Comunidades Autónomas que la integran.
d) De las nacionalidades y regiones que la integran.

4. El Preámbulo de la Constitución:

a) Tiene en sí carácter de norma jurídica.
b) Es una declaración de intenciones, destinada a interpretar lo que se quiere alcanzar con el contenido normativo de la Constitución.
c) Se trata de un texto sin fuerza jurídica de obligar.
d) Las respuestas b) y c) son correctas.

5. Señala la respuesta correcta respecto de la aprobación, ratificación y publicación de la Constitución Española:

a) Aprobada por las Cortes el 31 de octubre de 1978, ratificada por el pueblo en referéndum el 6 de diciembre de 1978 y publicada el 29 de diciembre de 1978.
b) Aprobada por las Cortes el 30 de octubre de 1978, ratificada por el pueblo en referéndum el 16 de diciembre de 1978 y publicada el 27 de diciembre de 1978.
c) Aprobada por las Cortes el 31 de octubre de 1978, ratificada por el pueblo en referéndum el 16 de diciembre de 1978 y publicada el 29 de diciembre de 1978.
d) Aprobada por las Cortes el 10 de octubre de 1978, ratificada por el pueblo en referéndum el 26 de diciembre de 1978 y publicada el 30 de diciembre de 1978.

6. ¿En qué parte de la Carta Magna se establece la exposición de motivos que impulsan la norma constitucional y los objetivos que con ella se pretenden alcanzar?

a) En el Título Preliminar.
b) En el Preámbulo.
c) En el Título I.
d) En el Título II.

7. La Constitución Española fue sancionada por:

a) El Rey.
b) El Presidente del Congreso.
c) Las Cortes Generales.
d) El Presidente del Gobierno.

8. ¿Cuáles de los siguientes españoles de origen pueden ser privados de su nacionalidad?

a) Exclusivamente los miembros de grupos terroristas.
b) Los miembros de grupos terroristas y los que atenten contra el Rey u otro miembro de la Casa Real.
c) Los que atenten contra un miembro de la Familia Real o del Gobierno de la Nación.
d) Ningún español de origen podrá ser privado de su nacionalidad.

9. Según la CE son fundamentos del orden político y la paz social:

a) La dignidad de la persona, los derechos violables que les son inherentes y el respeto a la ley.
b) La dignidad de la persona, el desarrollo limitado de la personalidad y el respeto a la ley.
c) El respeto a la ley, a los reglamentos administrativos y demás disposiciones legales.
d) La dignidad de la persona, los derechos inviolables que le son inherentes, el libre desarrollo de su personalidad, el respeto a la ley y a los derechos de los demás.

10. ¿Cuál de los siguientes es considerado por la CE como uno de los valores superiores del ordenamiento jurídico?

a) La jerarquía normativa.
b) El pluralismo político.
c) La publicidad normativa.
d) La equidad.

Solución al test n.º 1

1. b) En la indisoluble unidad de la Nación española.

2. c) Tienen el deber de conocer y el derecho de usar el castellano.

3. d) De las nacionalidades y regiones que la integran.

4. d) Las respuestas b) y c) son correctas.

5. a) Aprobada por las Cortes el 31 de octubre de 1978, ratificada por el pueblo en referéndum el 6 de diciembre de 1978 y publicada el 29 de diciembre de 1978.

6. b) En el Preámbulo.

7. a) El Rey.

8. d) Ningún español de origen podrá ser privado de su nacionalidad.

9. d) La dignidad de la persona, los derechos inviolables que le son inherentes, el libre desarrollo de su personalidad, el respeto a la ley y a los derechos de los demás.

10. b) El pluralismo político.

TEST N.º 2

La Corona. Las Cortes Generales. El Gobierno de la Nación. El Poder Judicial. Elaboración, aplicación e interpretación de las normas. Clases de normas y jerarquía normativa. Organización territorial del Estado

1. Las Cámaras se reúnen en sesiones:

a) Ordinarias y extraordinarias.
b) Simples o conjuntas.
c) Ordinarias, extraordinarias y conjuntas.
d) Ordinarias, extraordinarias y de urgencia.

2. Para adoptar acuerdos, las Cámaras deben estar reunidas reglamentariamente y con asistencia de la mayoría de sus miembros. Dichos acuerdos, para ser válidos, deberán ser aprobados:

a) Por la mayoría de los miembros presentes.
b) Por mayoría absoluta de sus miembros.
c) Por los 3/5 de cada una de las Cámaras.
d) Por los 2/3 del conjunto de las Cámaras.

3. ¿En qué plazo deberá ser convocado el Congreso electo tras la celebración de elecciones?

a) Entre los 30 y 60 días siguientes.
b) Dentro de los 25 días siguientes.
c) Entre los 10 y 30 días siguientes.
d) Dentro de los 30 días siguientes.

4. En las causas contra Diputados y Senadores será competente:

a) La Sala de lo Civil del Tribunal Supremo.
b) La Sala de lo Social del Tribunal Supremo.

c) La Sala de lo Contencioso-Administrativo del Tribunal Supremo.
d) La Sala de lo Penal del Tribunal Supremo.

5. Las Diputaciones Permanentes estarán presididas por:

a) El diputado de mayor edad.
b) El diputado del grupo parlamentario más numeroso.
c) El Presidente del Gobierno.
d) El Presidente de la Cámara respectiva.

6. ¿Cuántos Senadores corresponderán a Menorca?

a) 1.
b) 2.
c) 3.
d) 4.

7. Las sesiones conjuntas del Senado y del Congreso serán presididas:

a) Por el Rey.
b) Por el Presidente del Gobierno.
c) Por el Presidente del Congreso.
d) Por el Presidente del Senado.

8. Los Senadores por provincias se elegirán por:

a) Sufragio universal, libre, igual, directo y secreto.
b) Sufragio directo, libre, igual, directo y secreto.
c) Sufragio internacional, directo, igual y secreto.
d) Sufragio universal, libre, secreto, igual y secreto.

9. Para que un Diputado o Senador pueda ser inculpado o procesado será requisito indispensable:

a) Que así lo determine el Tribunal Supremo.
b) Que así lo determine el Tribunal Constitucional.
c) Que así lo determine la Audiencia Nacional.
d) Que así lo autorice su respectiva Cámara.

10. Señala la respuesta correcta:

a) El Congreso de los Diputados es la Cámara de representación territorial.
b) Las poblaciones de Ceuta y Melilla elegirán cada una de ellas un Senador.

c) Son electores y elegibles todos los españoles que estén en pleno uso de sus derechos políticos.

d) El art. 68 de la Carta Magna dispone que el Congreso se compone de un mínimo de 350 y un máximo de 400 Diputados.

En MADTEST tienes **más preguntas de este tema**, y todos tus avances quedan registrados y se reflejan en el ranking.

¡Supera tus límites con MADTEST!

Solución al test n.º 2

1. c) Ordinarias, Extraordinarias y Conjuntas.

2. a) Por la mayoría de los miembros presentes.

3. b) Dentro de los 25 días siguientes.

4. d) La Sala de lo Penal del Tribunal Supremo.

5. d) El Presidente de la Cámara respectiva.

6. a) 1.

7. c) Por el Presidente del Congreso.

8. a) Sufragio universal, libre, igual, directo y secreto.

9. d) Que así lo autorice su respectiva Cámara.

10. c) Son electores y elegibles todos los españoles que estén en pleno uso de sus derechos políticos.

TEST N.º 3

**El Estatuto de Autonomía en Aragón. Naturaleza y contenido.
La organización institucional de la Comunidad Autónoma.
Las Cortes de Aragón y el Justicia de Aragón**

1. Los poderes de la Comunidad Autónoma de Aragón emanan:

a) Del pueblo Aragonés y del Español.
b) Del Pueblo Aragonés y del Estatuto de Autonomía.
c) Del pueblo Aragonés y de la Constitución.
d) De la Nación Aragonesa.

2. La Constitución define los Estatutos de Autonomía como:

a) La norma fundamental de la Comunidad Autónoma.
b) La norma Institucional básica de cada Comunidad Autónoma que el Estado reconoce y ampara como parte integrante de su Ordenamiento Jurídico.
c) La norma Institucional básica de cada Comunidad Autónoma de su Ordenamiento Jurídico Especifico.
d) La norma fundamental de cada Comunidad Autónoma amparada por el Estado.

3. ¿Qué rango normativo tiene el Estatuto de Autonomía de Aragón?

a) Ley Orgánica.
b) Ley de Bases.
c) Ley.
d) Decreto-Ley.

4 ¿Cómo se define a Aragón en el Estatuto de Autonomía?

a) Nacionalidad.
b) Nación.
c) Nacionalidad Histórica.
d) Realidad nacional.

5. ¿Quiénes gozan de la condición política de aragoneses?

a) Los ciudadanos españoles.

b) Los ciudadanos españoles que tengan la vecindad administrativa en cualquier de los municipios de Aragón o cumplan los requisitos que la legislación pueda establecer.

c) Todos aquellos que tengan vecindad en cualquiera de los municipios de Aragón.

d) Los ciudadanos españoles que tengan vecindad administrativa en cualquier de los municipios de Aragón.

6. Según el Estatuto de Autonomía, los derechos y libertades de los Aragoneses y Aragonesas son:

a) Los reconocidos en la Constitución, los incluidos en la declaración universal de los Derecho Humanos y en los demás instrumentos internacionales de protección de los mismos suscritos y ratificados por España, así como los establecidos en el ámbito de la Comunidad Autónoma por el Estatuto.

b) Los reconocidos en la Constitución, los incluidos en la Carta de Derechos de la Unión Europea y en los demás instrumentos internacionales de protección de los mismos suscritos y ratificados por España, así como los establecidos en el ámbito de la Comunidad Autónoma por el presente estatuto.

c) Los reconocidos en la Constitución, los incluidos en la declaración universal de los Derecho Humanos y en los demás instrumentos internacionales de protección de los mismos suscritos y ratificados por Aragón.

d) Ninguna es correcta.

7. ¿Cómo se estructura el articulado del Estatuto de Autonomía de Aragón?

a) En un preámbulo, nueve títulos, seis disposiciones adicionales, cinco disposiciones transitorias, una disposición derogatoria y una disposición final.

b) En un título preliminar y nueve títulos.

c) En nueve títulos, cinco disposiciones adicionales y una disposición derogatoria.

d) En diez títulos, seis disposiciones adicionales y una disposición final.

8. ¿A quién es aplicable del Derecho Foral Aragonés?

a) A los residentes en Aragón.

b) A los que ostenten la vecindad civil aragonesa residentes en Aragón.

c) A los españoles residentes en Aragón.

d) A los que ostenten la vecindad aragonesa independientemente del lugar de su residencia.

9. Aragón se estructura territorialmente en:

a) Municipios, Comarcas y Provincias.

b) Provincias.

c) Provincias y Municipios.
d) Provincias y Comarcas.

10. El territorio de la Comunidad Autónoma se corresponde:

a) Con el de las provincias de Zaragoza, Huesca y Teruel.
b) Con el de las comarcas de Aragón.
c) Con el histórico de Aragón comprendiendo el de los municipios, comarcas y provincias de Huesca, Teruel y Zaragoza.
d) Con el de los municipios de Aragón.

En MADTEST tienes **más preguntas de este tema**, y todos tus avances quedan registrados y se reflejan en el ranking.

¡Supera tus límites con MADTEST!

Solución al test n.º 3

1. c) Del pueblo Aragonés y de la Constitución.

2. b) La norma Institucional básica de cada Comunidad Autónoma que el Estado reconoce y ampara como parte integrante de su Ordenamiento Jurídico.

3. a) Ley Orgánica.

4. c) Nacionalidad Histórica.

5. b) Los ciudadanos españoles que tengan la vecindad administrativa en cualquiera de los municipios de Aragón o cumplan los requisitos que la legislación pueda establecer.

6. a) Los reconocidos en la Constitución, los incluidos en la declaración universal de los Derecho Humanos y en los demás instrumentos internacionales de protección de los mismos suscritos y ratificados por España, así como los establecidos en el ámbito de la Comunidad Autónoma por el Estatuto.

7. b) En un título preliminar y nueve títulos.

8. d) A los que ostenten la vecindad aragonesa independientemente del lugar de su residencia.

9. a) Municipios, Comarcas y Provincias.

10. c) Con el histórico de Aragón comprendiendo el de los municipios, comarcas y provincias de Huesca, Teruel y Zaragoza.

TEST N.º 4

Los órganos de gobierno y administración de la Comunidad Autónoma de Aragón. Estructura administrativa. Las competencias de la Comunidad de Aragón relativas a sanidad

1. El sector público autonómico de Aragón está comprendido por:

a) La Administración de la Comunidad Autónoma de Aragón y el sector público institucional de la Comunidad Autónoma.
b) La Administración General de la Comunidad Autónoma de Aragón y sus organismos autónomos.
c) La Administración de la Comunidad Autónoma de Aragón.
d) El sector público institucional de la Comunidad Autónoma de Aragón.

2. Según el artículo 2.3 de la Ley 5/2021, de 29 de junio, de Organización y Régimen Jurídico del Sector Público Autonómico de Aragón, tienen la consideración de Administración pública:

a) Las fundaciones del sector público.
b) Los consorcios autonómicos.
c) Las sociedades mercantiles autonómicas.
d) Las universidades públicas integradas en el Sistema Universitario de Aragón.

3. Conforme al artículo 3 de la Ley 5/2021, entre los principios que la Administración Pública de Aragón debe respetar en su actuación y relaciones, está la ...., claridad, accesibilidad y proximidad a los ciudadanos y ciudadanas. Señala la palabra que falta:

a) Simplicidad.
b) Agilización.
c) Transparencia.
d) Objetividad.

4. Cuando la Administración pública de la Comunidad Autónoma de Aragón establezca medidas que limiten el ejercicio de derechos individuales o colectivos o exija el cumplimiento de requisitos para el desarrollo de una actividad, deberá aplicar el principio de proporcionalidad y elegir la medida:

a) Más eficiente.
b) Menos duradera.
c) Más simple.
d) Menos restrictiva.

5. En todo caso, corresponden a los organismos públicos y consorcios autonómicos las siguientes potestades o prerrogativas:

a) La potestad de autoorganización.
b) La presunción de legitimidad y la ejecutoriedad de sus actos.
c) La potestad expropiatoria.
d) Los poderes de ejecución forzosa, incluida la facultad de apremio.

6. Son órganos superiores de la Administración de la Comunidad Autónoma de Aragón:

a) Las direcciones generales.
b) Las secretarías generales técnicas.
c) Los vicepresidentes o vicepresidentas.
d) Los delegados y delegadas territoriales del Gobierno de Aragón.

7. Son elementos organizativos básicos de la Administración de la Comunidad Autónoma de Aragón:

a) Los Servicios provinciales.
b) Los delegados y delegadas territoriales.
c) Las direcciones generales.
d) Los puestos de trabajo.

8. Los delegados y delegadas territoriales del Gobierno de Aragón tienen nivel orgánico de:

a) Viceconsejero.
b) Consejero.
c) Director General.
d) Subdirector General.

9. Las unidades administrativas de la Administración de la Comunidad Autónoma de Aragón se crearán, modificarán y suprimirán:

a) Por Decreto del Gobierno de Aragón.
b) Por Resolución del Consejero competente en materia de administraciones públicas.

c) Por Orden del Consejero correspondiente.
d) A través de las relaciones de puestos de trabajo.

10. Las propuestas sobre modificación de estructuras de los diversos departamentos de la Administración de la Comunidad Autónoma de Aragón deberán cumplir los requisitos que se establezcan reglamentariamente y tendrán que ir acompañadas de un estudio comparativo de su coste económico. Estas propuestas serán remitidas a la Inspección General de Servicios para su informe preceptivo dentro de:

a) Los 10 días siguientes.
b) Los 15 días siguientes.
c) Los 20 días siguientes.
d) Los 30 días siguientes.

Solución al test n.º 4

1. a) La Administración de la Comunidad Autónoma de Aragón y el sector público institucional de la Comunidad Autónoma.

2. b) Los consorcios autonómicos.

3. a) Simplicidad.

4. d) Menos restrictiva.

5. b) La presunción de legitimidad y la ejecutoriedad de sus actos.

6. c) Los vicepresidentes o vicepresidentas.

7. d) Los puestos de trabajo.

8. c) Director General.

9. d) A través de las relaciones de puestos de trabajo.

10. a) Los 10 días siguientes.

TEST N.º 5

Población, geografía y territorio en Aragón. Desequilibrios demográficos en Aragón. Magnitudes más relevantes de la economía aragonesa. Evolución reciente de la actividad económica en Aragón

1. ¿Cómo se califican a las zonas formadas por municipios de más de 10.000 habitantes?

a) Rurales.
b) Intermedias.
c) Urbanas.
d) Periurbanas.

2. Según el Instituto Aragonés de Estadística, ¿cuál es el tramo de edad con mayor presencia, tanto de mujeres como de hombres, en la población de Aragón?

a) De 35 a 54 años.
b) De 55 a 64 años.
c) De 65 a 84 años.
d) 85 y más años.

3. De la población extranjera empadronada en municipios aragoneses, ¿cuál es la procedencla que representa el porcentaje más elevado de extranjeros?

a) África.
b) Asia.
c) Europa.
d) América.

4. El fenómeno de la macrocefalia se refiere:

a) A la tenencia de saldo vegetativo negativo en Aragón.
b) A la superpoblación de los municipios próximos a la capital autonómica.

c) Al desequilibrio territorial.
d) Al envejecimiento de la población en las zonas con menor densidad de población.

5. A los efectos de la aplicación de la Ley 45/2007, de 13 de diciembre, para el desarrollo sostenible del medio rural en Aragón, cada comarca equivale a una zona rural. ¿Cuál de las siguientes comarcas tiene la consideración de zona rural a revitalizar?

a) Bajo Aragón.
b) Campo de Cariñena.
c) Tarazona y el Moncayo.
d) Ribera Alta del Ebro.

6. Según la Ley 45/2007, de 13 de diciembre, ¿cuál es una característica propia de las zonas rurales periurbanas?

a) Zonas en las que predomina el empleo en el sector terciario.
b) Zonas con una densidad de población media.
c) Zonas con escasa densidad de población.
d) Zonas con bajos niveles de renta.

7. En aplicación de la Ley 45/2007, ¿cuál de las siguientes comarcas no tiene la consideración de zona rural intermedia?

a) Hoya de Huesca.
b) Litera.
c) Aranda.
d) Valdejalón.

8. El Plan de Zona en el que se deja constancia de la estrategia de desarrollo rural establecida para esa comarca se aprueba:

a) Por el Gobierno de Aragón.
b) Por la Administración General del Estado.
c) Por las Entidades Locales implicadas.
d) Por el Gobierno de Aragón y la Administración General del Estado.

9. ¿Cuál de las siguientes constituye una causa del fenómeno de la despoblación en Aragón?

a) El crecimiento vegetativo negativo.
b) El abandono de los pueblos.
c) La elevada dispersión de la población.
d) El acceso a los servicios públicos.

10. ¿Cuál es el sector predominante en la economía aragonesa?

a) Industria.
b) Agricultura.
c) Servicios.
d) Actividades energéticas.

En MADTEST tienes **más preguntas de este tema**, y todos tus avances quedan registrados y se reflejan en el ranking.

¡Supera tus límites con MADTEST!

Solución al test n.º 5

1. c) Urbanas.

2. a) De 35 a 54 años.

3. c) Europa.

4. b) A la superpoblación de los municipios próximos a la capital autonómica.

5. c) Tarazona y el Moncayo.

6. a) Zonas en las que predomina el empleo en el sector terciario.

7. d) Valdejalón.

8. d) Por el Gobierno de Aragón y la Administración General del Estado.

9. a) El crecimiento vegetativo negativo.

10. c) Servicios.

TEST N.º 6

La igualdad de oportunidades entre mujeres y hombres en Aragón: Disposiciones generales. Prevención y Protección Integral a las Mujeres Víctimas de Violencia en Aragón: Disposiciones Generales. La identidad y expresión de género e igualdad social y no discriminación en la Comunidad Autónoma de Aragón: Disposiciones Generales. La diversidad cultural y lucha contra la discriminación: Principios y objetivos del Plan para la Gestión de la Diversidad vigente en Aragón

1. Según el artículo 9.2: de la Constitución, "corresponde a los poderes públicos .... las condiciones para que la libertad y la igualdad del individuo y de los grupos en que se integra sean reales y efectivas; .... los obstáculos que impidan o dificulten su plenitud y .... la participación de todos los ciudadanos en la vida política, económica, cultural y social.". Qué 3 verbos faltan en la anterior frase:

a) Promover, remover y facilitar.
b) Impulsar, superar y posibilitar.
c) Crear, eliminar y alentar.
d) Facilitar, disminuir y promover.

2. La ley que regula a nivel estatal la igualdad efectiva de mujeres y hombres, es:

a) La Ley 3/2007, de 12 de marzo.
b) La Ley orgánica 22/2007, de 3 de abril.
c) La Ley orgánica 3/2007, de 22 de marzo.
d) El Decreto Legislativo 7/2003, de 23 de mayo.

3. Señala la opción incorrecta. Según el artículo 3 de la LO 3/2007, el principio de igualdad de trato entre mujeres y hombres supone la ausencia de toda discriminación, directa o indirecta, por razón de sexo, y especialmente, las derivadas de:

a) La maternidad.
b) La tendencia sexual.

c) La asunción de obligaciones familiares.

d) El estado civil.

4. Según el artículo 4 de la LO 3/2007, la igualdad de trato y de oportunidades entre mujeres y hombres:

a) Es un deber de las Administraciones Públicas.

b) Es una fuente formal del Derecho.

c) Es un principio informador del ordenamiento jurídico.

d) Es un objetivo fundamental del procedimiento administrativo.

5. La situación en que se encuentra una persona que sea, haya sido o pudiera ser tratada, en atención a su sexo, de manera menos favorable que otra en situación comparable, se considera:

a) Discriminación directa.

b) Acoso sexual.

c) Discriminación indirecta.

d) Violencia de género.

6. Una diferencia de trato basada en una característica relacionada con el sexo ¿constituye discriminación en el acceso al empleo?

a) Sí, en todo caso.

b) No, siempre que la formación necesaria se base en dicha característica.

c) No, siempre que dicha característica constituya un requisito profesional esencial y determinante.

d) No, si debido a la naturaleza de las actividades profesionales concretas o al contexto en el que se lleven a cabo, dicha característica constituya un requisito profesional esencial y determinante, siempre y cuando el objetivo sea legítimo y el requisito proporcionado.

7. A los efectos de la LO 3/2007, definimos como acoso sexual:

a) Cualquier comportamiento realizado en función del sexo de una persona, con el propósito o el efecto de atentar contra su dignidad y de crear un entorno intimidatorio, degradante u ofensivo.

b) La situación en que una disposición, criterio o práctica aparentemente neutros pone a personas de un sexo en desventaja particular con respecto a personas del otro, salvo que dicha disposición, criterio o práctica puedan justificarse objetivamente en atención a una finalidad legítima y que los medios para alcanzar dicha finalidad sean necesarios y adecuados.

c) Todo trato desfavorable a las mujeres relacionado con el embarazo o la maternidad.

d) Cualquier comportamiento, verbal o físico, de naturaleza sexual que tenga el propósito o produzca el efecto de atentar contra la dignidad de una persona, en particular cuando se crea un entorno intimidatorio, degradante u ofensivo.

8. Según el artículo 10 de la LO 3/2007, los actos y las cláusulas de los negocios jurídicos que constituyan o causen discriminación por razón de sexo se considerarán:

a) Válidos, pero anulables.

b) Nulos y sin efecto.

c) Ilegales.

d) Nulos, pero con efectos.

9. Conforme al artículo 12 de la LO 3/2007, cualquier persona podrá recabar de los tribunales la tutela del derecho a la igualdad entre mujeres y hombres, de acuerdo con lo establecido en el artículo 53.2 de la Constitución:

a) Siempre que la relación en la que supuestamente se produce la discriminación se encuentre vigente.

b) Incluso tras la terminación de la relación en la que supuestamente se ha producido la discriminación.

c) Siempre que se haya dado por terminada la relación en la que supuestamente se produce la discriminación.

d) A menos que se haya procedido a la suspensión de la relación en la que supuestamente se produce la discriminación.

10. La capacidad y la legitimación para intervenir en los procesos civiles, sociales y contencioso-administrativos que versen sobre la defensa del derecho de igualdad entre mujeres y hombres, corresponden a:

a) La persona acosada, únicamente.

b) Cualquier ciudadano.

c) Las personas físicas y jurídicas con interés legítimo.

d) Cualquier persona jurídica.

En MADTEST tienes **más preguntas de este tema**, y todos tus avances quedan registrados y se reflejan en el ranking.

¡Supera tus límites con MADTEST!

Solución al test n.º 6

1. a) Promover, remover y facilitar.

2. c) La Ley orgánica 3/2007, de 22 de marzo.

3. b) La tendencia sexual.

4. c) Es un principio informador del ordenamiento jurídico.

5. a) Discriminación directa.

6. d) No, si debido a la naturaleza de las actividades profesionales concretas o al contexto en el que se lleven a cabo, dicha característica constituya un requisito profesional esencial y determinante, siempre y cuando el objetivo sea legítimo y el requisito proporcionado.

7. d) Cualquier comportamiento, verbal o físico, de naturaleza sexual que tenga el propósito o produzca el efecto de atentar contra la dignidad de una persona, en particular cuando se crea un entorno intimidatorio, degradante u ofensivo.

8. b) Nulos y sin efecto.

9. b) Incluso tras la terminación de la relación en la que supuestamente se ha producido la discriminación.

10. c) Las personas físicas y jurídicas con interés legítimo.

TEST N.º 7

Competencias del Estado, las Comunidades Autónomas y las Entidades Locales en materia de sanidad. La alta inspección. Coordinación entre las administraciones públicas

1. Según la Ley 16/2003, de cohesión y calidad del SNS, una de las funciones de la Alta Inspección es:

a) Resolver los conflictos competenciales entre Comunidades Autónomas.
b) Evaluar el cumplimiento de fines y objetivos comunes y detectar deficiencias estructurales que afecten a la cohesión del sistema.
c) Dictar reglamentos básicos de obligado cumplimiento en las CCAA.
d) Aprobar los Planes de salud autonómicos.

2. ¿A quién corresponde el control sanitario de los hoteles, centros residenciales y campamentos turísticos?

a) Al Estado.
b) A las Comunidades Autónomas.
c) A los Ayuntamientos.
d) A todas las Administraciones Públicas.

3. A todos los efectos los funcionarios de la Administración del Estado que ejerzan la Alta Inspección gozarán de las consideraciones de:

a) Autoridad pública.
b) Agentes de la Autoridad.
c) Delegados de la Autoridad.
d) Auxiliares de la Autoridad.

4. Cuando, como consecuencia del ejercicio de las funciones de Alta Inspección, se comprueben incumplimientos por parte de la Comunidad Autónoma, las autoridades sanitarias del Estado le advertirán de esta circunstancia a través de:

a) El Ayuntamiento respectivo.
b) De la Diputación Provincial.

c) El Ministerio de Sanidad.

d) El Delegado del Gobierno.

5. Señala cuál de los siguientes no es uno de los seis ámbitos de colaboración entre las Administraciones públicas sanitarias definidas por Ley 16/2003:

a) La investigación.

b) Los profesionales sanitarios.

c) La farmacia.

d) El I+D del sistema sanitario.

6. ¿Cuál es el órgano permanente de coordinación, cooperación, comunicación e información de los servicios de salud entre ellos y con la Administración del Estado, que tiene como finalidad promover la cohesión del Sistema Nacional de Salud a través de la garantía efectiva y equitativa de los derechos de los ciudadanos en todo el territorio del Estado?

a) La Comisión Nacional de Coordinación Sanitaria.

b) El Consejo Interterritorial del Sistema Nacional de Salud.

c) La Junta Nacional de Coordinación y Cooperación del Sistema Nacional de Salud.

d) El Comité Interterritorial del Sistema Nacional de Salud.

7. ¿Quién preside el Consejo Interterritorial del Sistema Nacional de Salud?

a) El Presidente del Gobierno.

b) El Ministro de Sanidad.

c) Un Consejero en materia de sanidad de las Comunidades Autónomas que ejercerá la presidencia de forma rotatoria por periodos de seis meses.

d) El Director General de Salud Pública, Calidad e Innovación.

8. ¿Cómo se denomina el órgano del Ministerio de Sanidad, creado por la Ley 16/2003, al que se encomienda el desarrollo de las actividades necesarias para el funcionamiento del sistema de información sanitaria?

a) Instituto Nacional de Gestión Sanitaria.

b) Comisión Nacional de Información y Atención Sanitaria.

c) Agencia Española de Información Sanitaria y Asistencial.

d) Instituto de Información Sanitaria.

9. A tenor del art. 74.2 LGS, el Plan integrado de salud tendrá un plazo de vigencia de:

a) Cinco años.

b) Cuatro años.

c) Tres años.

d) El tiempo que en el mismo se determine.

10. Corresponde al Ministerio de Sanidad a tenor del Real Decreto 1418/1986:

a) La policía sanitaria mortuoria.
b) El control y vigilancia higiénico–sanitaria de puertos y aeropuertos de tráfico internacional.
c) El control sanitario de industrias, actividades y servicios.
d) El control sanitario de los cementerios.

En MADTEST tienes **más preguntas de este tema**, y todos tus avances quedan registrados y se reflejan en el ranking.

¡Supera tus límites con MADTEST!

Solución al test n.º 7

1. b) Evaluar el cumplimiento de fines y objetivos comunes y detectar deficiencias estructurales que afecten a la cohesión del sistema.

2. c) A los Ayuntamientos.

3. a) Autoridad pública.

4. d) El Delegado del Gobierno.

5. d) El I+D del sistema sanitario.

6. b) El Consejo Interterritorial del Sistema Nacional de Salud.

7. b) El Ministro de Sanidad.

8. d) Instituto de Información Sanitaria.

9. d) El tiempo que en el mismo se determine.

10. b) El control y vigilancia higiénico–sanitaria de puertos y aeropuertos de tráfico internacional.

La Ley General de Sanidad. El Sistema Nacional de Salud y los servicios de salud de las comunidades autónomas. La Ley de Salud de Aragón. Principios rectores. Derechos, deberes y garantías de los ciudadanos. Derechos de información sobre la salud y autonomía del paciente

1. El Sistema Nacional de Salud es:

a) El operador que regula los aspectos básicos de las profesiones sanitarias tituladas en lo que se refiere a su ejercicio por cuenta propia o ajena.

b) Los centros, servicios y establecimientos de la propia Comunidad, Diputaciones, Ayuntamientos y cualesquiera otras Administraciones territoriales intracomunitarias, que estará gestionado bajo la responsabilidad de la respectiva Comunidad Autónoma.

c) El conjunto de los Servicios de Salud de la Administración del Estado y de los Servicios de Salud de las Comunidades Autónomas .

d) La ordenación territorial de los Servicios de Salud del Estado, de las comunidades autónomas y de las organizaciones y entidades privadas.

2. ¿De cuántos artículos consta la Ley 14/1986 de 25 de abril, General de Sanidad?

a) 109.
b) 111.
c) 113.
d) 116.

3. La Ley 14/1986 de 25 de abril, General de Sanidad, se estructura en:

a) Un Título Preliminar, siete Títulos, diez Disposiciones Adicionales, seis Disposiciones Transitorias, dos Disposiciones Derogatorias y dieciséis Disposiciones Finales.

b) Un Título Preliminar, seis Títulos, diez Disposiciones Adicionales, siete Disposiciones Transitorias, dos Disposiciones Derogatorias y dieciséis Disposiciones Finales.

c) Un Título Preliminar, siete Títulos, diez Disposiciones Adicionales, siete Disposiciones Transitorias, tres Disposiciones Derogatorias y dieciséis Disposiciones Finales.

d) Un Título Preliminar, siete Títulos, diez Disposiciones Adicionales, seis Disposiciones Transitorias, tres Disposiciones Derogatorias y dieciséis Disposiciones Finales.

4. ¿Qué artículo de nuestra Carta Magna reconoce el derecho a la protección de la salud?

a) El art. 9.1.
b) El art. 9.2.
c) El art. 43.1.
d) El art. 49.1.

5. La Ley 14/1986, de 25 de abril, General de Sanidad, establece que las piezas básicas de los Servicios de Salud de las Comunidades Autónomas son:

a) Las Áreas de Salud.
b) Los Distritos Sanitarios.
c) Las Comarcas Sanitarias.
d) Las Zonas de Salud.

6. La Ley 14/1986, de 25 de abril, General de Sanidad, tiene como objeto:

a) Establecer el marco legal para las acciones de coordinación y cooperación de las Administraciones públicas sanitarias, en el ejercicio de sus respectivas competencias.
b) La regulación de los aspectos básicos de las profesiones sanitarias tituladas.
c) La regulación de los derechos y obligaciones de los pacientes, usuarios y profesionales, así como de los centros y servicios sanitarios, públicos y privados.
d) La regulación general de todas las acciones que permitan hacer efectivo el derecho a la protección de la salud reconocido en el artículo 43 de la Constitución Española.

7. Las Áreas de Salud se delimitan teniendo en cuenta factores:

a) Climatológicos y de dotación de vías y medios de comunicación.
b) Geográficos y demográficos.
c) Socioeconómicos y culturales.
d) Todas las respuestas son correctas.

8. Como regla general el área de salud extenderá su acción a una población:

a) No inferior a 100.000 habitantes ni superior a 150.000.
b) No inferior a 200.000 habitantes ni superior a 250.000.
c) No inferior a 250.000 habitantes ni superior a 300.000.
d) No inferior a 300.000 habitantes ni superior a 500.000.

9. ¿Qué Comunidades Autónomas y/o Ciudades Autónomas se exceptúan de la regla que hemos visto en la pregunta anterior, pudiéndose acomodar a sus específicas peculiaridades?

a) Baleares, Ceuta y Melilla.
b) Baleares y Canarias.

c) Canarias, Ceuta y Melilla.
d) Baleares, Canarias, Ceuta y Melilla.

10. Según dispone al artículo 56.5 LGS, cada provincia tendrá, en todo caso y como mínimo:

a) Un área de salud.
b) Dos áreas de salud.
c) Tres áreas de salud.
d) Cuatro áreas de salud.

En MADTEST tienes **más preguntas de este tema**, y todos tus avances quedan registrados y se reflejan en el ranking.

¡Supera tus límites con MADTEST!

Solución al test n.º 8

1. c) El conjunto de los Servicios de Salud de la Administración del Estado y de los Servicios de Salud de las Comunidades Autónomas.

2. d) 116.

3. a) Un Título Preliminar, siete Títulos, diez Disposiciones Adicionales, seis Disposiciones Transitorias, dos Disposiciones Derogatorias y dieciséis Disposiciones Finales.

4. c) El art. 43.1.

5. a) Las Áreas de Salud.

6. d) La regulación general de todas las acciones que permitan hacer efectivo el derecho a la protección de la salud reconocido en el 43 de la Constitución Española.

7. d) Todas las respuestas son correctas.

8. b) No inferior a 200.000 habitantes ni superior a 250.000.

9. d) Baleares, Canarias, Ceuta y Melilla.

10. a) Un área de salud.

TEST N.º 9

El Departamento de Sanidad del Gobierno de Aragón: Estructura básica y competencias. El Servicio Aragonés de Salud: Estructura y competencias. El Texto Refundido de la Ley del Servicio Aragonés de Salud. Estructura y funcionamiento de las áreas y sectores del Sistema de Salud de Aragón

1. Las zonas de salud serán delimitadas por:

a) Las Cortes de Aragón.
b) El Consejo de Gobierno.
c) El Departamento responsable de salud.
d) El Consejo de Salud de Aragón.

2. No es una competencia del Departamento de Sanidad de Aragón:

a) Definir y desarrollar las Estrategias de Salud en la Comunidad Autónoma.
b) Planificar, evaluar y controlar la organización asistencial del Sistema de Salud de Aragón.
c) Proceder a la estructuración, ordenación y planificación territorial en materia de salud.
d) Aprobar el Plan de Salud de Aragón.

3. Corresponde al Consejero de Sanidad:

a) Aprobar la estructura orgánica de su Departamento.
b) Aprobar el presupuesto de su Departamento.
c) Aprobar el reglamento del Servicio Aragonés de Salud.
d) Aprobar la memoria anual de actuación del Servicio Aragonés de Salud.

4. ¿A qué Dirección está adscrito el Servicio de Seguridad Alimentaria y Salud Ambiental?

a) Dirección General de Asistencia Sanitaria y Planificación.
b) Dirección General de Salud Pública.

c) Dirección General de Salud Digital e Infraestructuras.
d) Dirección General de Cuidados y Humanización.

5. NO es un Servicio de la Dirección General de Asistencia Sanitaria y Planificación:

a) Servicio de Personal, Planificación y Coordinación.
b) Servicio de Oferta Asistencial.
c) Servicio de Prestaciones y Contratación Sanitaria.
d) Servicio de Estrategias de Salud y Formación.

6. ¿A qué órgano se adscribe el Servicio de Cuidados y Alfabetización en Salud?

a) A la Secretaría General Técnica.
b) A la DG de Asistencia Sanitaria y Planificación.
c) A la DG de Salud Digital e Infraestructuras.
d) A la DG de Cuidados y Humanización.

7. ¿A quién corresponde el seguimiento y control de la prestación de incapacidad temporal?

a) A los Servicios Provinciales.
b) A los Centros de Salud.
c) Al Servicio de Prevención de Riesgos laborales.
d) A los Equipos de Salud correspondientes.

8. ¿Cuál de los siguientes organismos públicos no está adscrito al Departamento de Sanidad?

a) Servicio Aragonés de Salud.
b) Instituto Aragonés de Ciencias de la Salud.
c) Banco de Sangre y Tejidos.
d) Instituto Aragonés de Servicios Sociales.

9. El Servicio de Evaluación y Acreditación forma parte de la estructura de:

a) La Dirección General de Salud Digital e Infraestructuras.
b) La Secretaría General Técnica.
c) La Dirección General de Salud Pública.
d) La Dirección General de Asistencia Sanitaria y Planificación.

10. No es un órgano de la Secretaría General Técnica del Departamento de Sanidad:

a) Servicio de Información, Transparencia y Participación.
b) Servicio de Gestión Económica, Contratación y Asuntos Generales.
c) Servicio de Personal, Planificación y Coordinación.
d) Servicio de Asuntos Jurídicos.

En MADTEST tienes **más preguntas de este tema**, y todos tus avances quedan registrados y se reflejan en el ranking.

¡Supera tus límites con MADTEST!

Solución al test n.º 9

1. c) El Departamento responsable de salud.

2. d) Aprobar el Plan de Salud de Aragón.

3. d) Aprobar la memoria anual de actuación del Servicio Aragonés de Salud.

4. b) Dirección General de Salud Pública.

5. a) Servicio de Personal, Planificación y Coordinación.

6. d) A la DG de Cuidados y Humanización.

7. a) A los Servicios Provinciales.

8. d) Instituto Aragonés de Servicios Sociales.

9. d) La Dirección General de Asistencia Sanitaria y Planificación.

10. a) Servicio de Información, Transparencia y Participación.

TEST N.º 10

Ley de Prevención de Riesgos Laborales: Conceptos básicos. Derechos y obligaciones en materia de seguridad en el trabajo. Organización de la prevención de riesgos laborales en la Comunidad Autónoma de Aragón. Distribución de funciones y responsabilidades en materia de prevención de riesgos laborales entre los diferentes órganos del Servicio Aragonés de Salud

1. ¿Cuál es la vigente Ley de Prevención de Riesgos Laborales?

a) Ley 32/1995, de 8 de noviembre.
b) Ley 30/1996, de 8 de noviembre.
c) Ley 31/1995, de 6 de noviembre.
d) Ley 31/1995, de 8 de noviembre.

2. La Ley de Prevención de Riesgos laborales, tiene por objeto:

a) Prevenir los accidentes en general.
b) Evitar riesgos en el recorrido al puesto de trabajo.
c) Promover la seguridad y la salud de los trabajadores.
d) Que cada vez haya menos accidentes de tráfico.

3. ¿Qué se entiende por "riesgo laboral"?

a) La posibilidad de que un trabajador sufra un determinado daño derivado del trabajo.
b) La posibilidad de que un trabajador sufra una enfermedad en el trabajo.
c) La posibilidad de que un trabajador sufra acoso.
d) El riesgo que supone el ir a trabajar.

4. Indica cuál es la definición de prevención:

a) La probabilidad racional de que un riesgo se materialice de forma inminente.
b) El estudio de los procesos potencialmente peligrosos para el trabajo.

c) Conjunto de actividades o medidas adoptadas o previstas en todas las fases de actividad de la empresa con el fin de evitar o disminuir los riesgos derivados del trabajo.

d) Posibilidad de que un trabajador sufra un determinado daño derivado del trabajo.

5. Según establece el art. 4 de la Ley 31/1995, de 8 de noviembre, de Prevención de Riesgos Laborales, se define como daños derivados del trabajo:

a) La posibilidad de que un trabajador sufra un determinado daño derivado del trabajo.

b) El que resulte probable racionalmente que se materialice en un futuro inmediato y pueda suponer y pueda suponer un daño grave para la salud de los trabajadores.

c) Las enfermedades, patologías o lesiones sufridas con motivo u ocasión del trabajo.

d) Cualquier máquina, aparato, instrumento o instalación utilizada en el trabajo.

6. Señala la respuesta incorrecta:

a) La Ley de Prevención de Riesgos Laborales se aplica a los operativos de Seguridad civil en casos de catástrofe.

b) La Ley de Prevención de Riesgos Laborales se aplica a las sociedades cooperativas.

c) En el ámbito de la relación laboral de carácter especial del servicio del hogar familiar, las personas trabajadoras tienen derecho a una protección eficaz en materia de seguridad y salud en el trabajo.

d) En los establecimientos penitenciarios, se adaptarán a la Ley de Prevención de Riesgos Laborales aquellas actividades cuyas características justifiquen una regulación especial.

7. Para calificar un riesgo desde el punto de vista de su gravedad, se valorarán conjuntamente la severidad del daño y:

a) La probabilidad de que se produzca.

b) La cantidad de trabajadores de la empresa.

c) La existencia o no de equipos individuales de protección.

d) Las condiciones de trabajo.

8. Con el objetivo de detectar y prevenir posibles situaciones en las que los daños derivados del trabajo puedan aparecer vinculados con el sexo de los trabajadores, las Administraciones Públicas promoverán la efectividad del principio de:

a) Corresponsabilidad.

b) Igualdad entre mujeres y hombres.

c) Discriminación positiva.

d) Protección de la maternidad.

9. Según el artículo 8.2 de la Ley 31/1995, el Instituto Nacional de Seguridad y Salud en el Trabajo, en el marco de sus funciones, velará por la coordinación, apoyará el intercambio de información y las experiencias entre las distintas Administraciones públicas y especialmente fomentará y prestará apoyo a la realización de actividades de promoción de la seguridad y de la salud por las Comunidades Autónomas. Asimismo, prestará, de acuerdo con las Administraciones competentes, apoyo técnico especializado en materia de certificación, ensayo y:

a) Evaluación.
b) Normalización.
c) Divulgación.
d) Acreditación.

10. La regulación de los requisitos mínimos que deben reunir las condiciones de trabajo para la protección de la seguridad y la salud de los trabajadores, corresponde a:

a) Las Cortes Generales.
b) El Gobierno de la nación, previa consulta a las organizaciones sindicales y empresariales más representativas.
c) El Consejo de Gobierno de cada Comunidad Autónoma; por delegación del Consejo de Ministros.
d) Los Convenios Colectivos.

En MADTEST tienes **más preguntas de este tema**, y todos tus avances quedan registrados y se reflejan en el ranking.

¡Supera tus límites con MADTEST!

Solución al test n.º 10

1. d) Ley 31/1995, de 8 de noviembre.

2. c) Promover la seguridad y la salud de los trabajadores.

3. a) La posibilidad de que un trabajador sufra un determinado daño derivado del trabajo.

4. c) Conjunto de actividades o medidas adoptadas o previstas en todas las fases de actividad de la empresa con el fin de evitar o disminuir los riesgos derivados del trabajo.

5. c) Las enfermedades, patologías o lesiones sufridas con motivo u ocasión del trabajo.

6. a) La Ley de Prevención de Riesgos Laborales se aplica a los operativos de Seguridad civil en casos de catástrofe.

7. a) La probabilidad de que se produzca.

8. b) Igualdad entre mujeres y hombres.

9. d) Acreditación.

10. b) El Gobierno de la nación, previa consulta a las organizaciones sindicales y empresariales más representativas.

TEST
MATERIA ESPECÍFICA

TEST N.º 11

El Estatuto Básico del Empleado Público. Clases de empleados públicos. Derechos y deberes del empleado público. Representación, participación y negociación colectiva

1. El EBEP contiene:

a) Aquello que es común al conjunto de los empleados públicos de todas las Administraciones Públicas.

b) Las normas legales específicas aplicables a los empleados públicos de todas las Administraciones Públicas.

c) Aquello que es común al conjunto de los funcionarios de todas las Administraciones Públicas, más las normas legales específicas aplicables al personal laboral a su servicio.

d) Aquello que es común al conjunto del personal laboral de todas las Administraciones Públicas, más las normas legales específicas aplicables al personal funcionario a su servicio.

2. El vigente Estatuto Básico del Empleado Público tiene por objeto:

a) Establecer las bases del personal laboral incluido en su ámbito de aplicación y determinar las normas aplicables al personal funcionario al servicio de las Administraciones Públicas.

b) Establecer las bases del régimen estatutario de los funcionarios públicos y del personal laboral incluidos en su ámbito de aplicación y determinar las normas que les son aplicables.

c) Establecer las normas aplicables al personal funcionario y laboral al servicio de las Administraciones Públicas.

d) Establecer las bases del régimen estatutario de los funcionarios públicos incluidos en su ámbito de aplicación y determinar las normas aplicables al personal laboral al servicio de las Administraciones Públicas.

3. Se regirá por la legislación específica dictada por el Estado y por las comunidades autónomas en el ámbito de sus respectivas competencias y por lo previsto en el EBEP, excepto el capítulo II del título III (salvo el artículo 20), y los artículos 22.3, 24 y 84:

a) El personal funcionario de las Universidades Públicas.

b) El personal funcionario y en lo que proceda el personal laboral al servicio de las Administraciones de las entidades locales.

c) El personal estatutario de los servicios de salud.

d) El personal funcionario y laboral al servicio de las Administraciones de las comunidades autónomas.

4. Para todo el personal de las Administraciones Públicas no incluido en su ámbito de aplicación, el EBEP tendrá carácter:

a) Consultivo.

b) Voluntario.

c) Supletorio.

d) Interpretativo.

5. Las disposiciones del EBEP sólo se aplicarán directamente cuando así lo disponga su legislación específica al siguiente personal:

a) El personal funcionario de las entidades locales.

b) El personal estatutario de los Servicios de Salud.

c) Personal de las Fuerzas y Cuerpos de Seguridad.

d) El personal docente.

6. El Texto Refundido del Estatuto Básico del Empleado Público se aplicará directamente, sin necesidad de que lo disponga su legislación específica, al siguiente personal:

a) Personal funcionario de las Cortes Generales.

b) Personal del Centro Nacional de Inteligencia.

c) Personal de las Universidades Públicas.

d) Personal funcionario de las Asambleas Legislativas de las Comunidades Autónomas.

7. El empleo en el sector público se caracteriza por estar configurado por un modelo:

a) Unitario de personal funcionario.

b) Unitario de personal estatutario.

c) Dual de regímenes jurídicos, personal funcionario y personal laboral.

d) De tres regímenes jurídicos, personal funcionario, personal laboral y personal de designación.

8. El artículo 8 del Texto Refundido de la Ley del Estatuto Básico del Empleado Público, aprobado por el Real Decreto Legislativo 5/2015, de 30 de octubre, define como aquellos quienes desempeñan funciones retribuidas en las Administraciones Públicas al servicio de los intereses generales:

a) A los Funcionarios públicos.
b) A los Empleados públicos.
c) Al Personal laboral de las Administraciones Públicas.
d) Al personal estatutario.

9. Corresponden en exclusiva a los funcionarios públicos, en los términos que en la ley de desarrollo de cada Administración Pública se establezca, el ejercicio de las funciones que impliquen la participación directa o indirecta:

a) En el archivo y documentación de información administrativa.
b) En tareas administrativas.
c) En el ejercicio de las potestades públicas.
d) En las tareas directivas.

10. Los funcionarios de carrera son aquellos quienes, en virtud de nombramiento legal, están vinculados a una Administración Pública por una relación estatutaria regulada por:

a) El Derecho Laboral.
b) El Derecho Administrativo.
c) El Derecho Civil.
d) El Derecho Constitucional.

En MADTEST tienes **más preguntas de este tema**, y todos tus avances quedan registrados y se reflejan en el ranking.

¡Supera tus límites con MADTEST!

Solución al test n.º 11

1. c) Aquello que es común al conjunto de los funcionarios de todas las Administraciones Públicas, más las normas legales específicas aplicables al personal laboral a su servicio.

2. d) Establecer las bases del régimen estatutario de los funcionarios públicos incluidos en su ámbito de aplicación y determinar las normas aplicables al personal laboral al servicio de las Administraciones Públicas.

3. c) El personal estatutario de los servicios de salud.

4. c) Supletorio.

5. c) Personal de las Fuerzas y Cuerpos de Seguridad.

6. c) Personal de las Universidades Públicas.

7. c) Dual de regímenes jurídicos, personal funcionario y personal laboral.

8. b) A los Empleados públicos.

9. c) En el ejercicio de las potestades públicas.

10. b) El Derecho Administrativo.

TEST N.º 12

Estatuto Marco del personal estatutario de los servicios de salud (I). Clasificación del personal estatutario. Derechos y deberes. Adquisición y pérdida de la condición de personal estatutario. Provisión de plazas, selección y promoción interna. Movilidad del personal

1. El personal estatutario con nombramiento expedido para el ejercicio de una profesión o especialidad sanitaria se denomina:

a) Personal sanitario.
b) Otro personal.
c) Personal de mantenimiento.
d) Personal de gestión y servicios.

2. El personal estatutario con nombramiento expedido para el desempeño de funciones de gestión o para el desempeño de profesiones u oficios que no tengan carácter sanitario se denomina:

a) Personal universitario.
b) Personal de gestión y servicios.
c) Personal directivo.
d) Personal administrativo.

3. Según establece el art. 8 de la Ley 55/2003, de 16 de diciembre, del Estatuto Marco de los Servicios de Salud, es personal estatutario fijo:

a) El que, una vez superado el correspondiente proceso selectivo, obtiene un nombramiento para el desempeño, con carácter permanente, de las funciones que de tal nombramiento se deriven.
b) Todo el personal al servicio de los Servicios de Salud.
c) El personal que realice una prestación de servicios determinados de naturaleza temporal, coyuntural o extraordinaria.
d) El personal en posesión de un contrato laboral indefinido.

4. Conforme al artículo 9.1 del Estatuto Marco (en redacción dada por el Real Decreto-ley 12/2022, de 5 de julio, por el que se modifica la Ley 55/2003, de 16 de diciembre, del Estatuto Marco del personal estatutario de los servicios de salud) los nombramientos del Personal Estatutario Temporal de los Servicios de Salud serán:

a) Únicamente de Personal Estatutario Sanitario.
b) Personal Estatutario Contratado.
c) De interinidad.
d) Como Personal Laboral.

5. En el supuesto de existencia de plaza vacante, son estatutarios interinos los que, por razones expresamente justificadas de necesidad y urgencia, son nombrados como tales con carácter temporal para el desempeño de funciones propias de estatutarios, cuando no sea posible su cobertura por personal estatutario fijo, durante un plazo máximo de:

a) Dos años.
b) Tres años.
c) Cuatros años.
d) Seis años.

6. Conforme al artículo 6.2 de la Ley 55/2003, de 16 de diciembre, del Estatuto Marco del personal estatutario de los servicios de salud, atendiendo al nivel académico del título exigido para el ingreso, el personal estatutario sanitario de formación profesional se divide en:

a) Técnicos sanitarios y Auxiliares de Enfermería.
b) Técnicos superiores y Técnicos.
c) Técnicos superiores y Técnicos de gestión.
d) Técnicos especialistas y Técnicos.

7. Es personal Estatutario Sanitario:

a) El que ejerce una profesión o especialidad sanitaria.
b) El que ostenta esta condición en virtud de nombramiento expedido para el ejercicio de una profesión o especialización sanitaria.
c) El que desempeña una categoría clasificada como sanitaria.
d) Quien ejerza una profesión sanitaria sin ostentar la condición de funcionario.

8. El personal Estatutario de Gestión y Servicio se clasifica en función del título exigido para el ingreso en:

a) Personal de formación universitaria, personal de formación personal y otro personal.
b) Personal universitario, personal de formación profesional y personal subalterno.
c) Personal licenciado universitario, personal de administración y personal auxiliar.
d) Ninguna es correcta.

9. El incumplimiento del plazo máximo de permanencia dará lugar a una compensación económica para el personal estatutario temporal afectado, que será equivalente a:

a) Veinte días de sus retribuciones fijas por año de servicio.
b) Veinte días de su sueldo, más trienios y complemento de destino por año de servicio.
c) Veinte días de todas sus retribuciones por año de servicio.
d) Veinte días de su sueldo por año de servicio.

10. Podrá concurrir a las pruebas selectivas, por el sistema de promoción interna, el personal estatutario fijo que se encuentre en servicio activo y con nombramiento como personal estatutario fijo, en la categoría de procedencia, durante al menos:

a) 2 años.
b) 3 años.
c) 4 años.
d) 5 años.

En MADTEST tienes **más preguntas de este tema**, y todos tus avances quedan registrados y se reflejan en el ranking.

¡Supera tus límites con MADTEST!

Solución al test n.º 12

1. a) Personal sanitario.

2. b) Personal de gestión y servicios.

3. a) El que, una vez superado el correspondiente proceso selectivo, obtiene un nombramiento para el desempeño, con carácter permanente, de las funciones que de tal nombramiento se deriven.

4. c) De interinidad.

5. b) Tres años.

6. b) Técnicos superiores y Técnicos.

7. b) El que ostenta esta condición en virtud de nombramiento expedido para el ejercicio de una profesión o especialización sanitaria.

8. a) Personal de formación universitaria, personal de formación personal y otro personal.

9. a) Veinte días de sus retribuciones fijas por año de servicio.

10. a) 2 años.

Estatuto Marco del personal estatutario de los servicios de salud (II). Retribuciones. Jornada de trabajo, permisos y licencias. Situaciones del personal estatutario. Régimen disciplinario. Incompatibilidades

1. Es una retribución básica del personal estatutario:

a) El complemento de destino.
b) El complemento de carrera.
c) Las pagas extraordinarias.
d) El complemento de productividad.

2. El complemento de productividad no está destinado a retribuir:

a) El especial rendimiento, el interés o la iniciativa del titular del puesto.
b) La participación en programas o actuaciones concretas.
c) La contribución del personal a la consecución de los objetivos programados.
d) Las condiciones particulares de algunos puestos.

3. No es correcto, en relación a las retribuciones del personal estatutario, que:

a) Podrá asignarse más de un complemento específico a cada puesto por una misma circunstancia.
b) El importe anual del complemento de destino se abonará en catorce pagas.
c) Las retribuciones complementarias son fijas o variables.
d) Las retribuciones básicas y las cuantías del sueldo y los trienios serán iguales en todos los Servicios de Salud.

4. La especial dificultad técnica, dedicación, responsabilidad, incompatibilidad, peligrosidad o penosidad de algunos puestos de trabajo del Personal Estatutario, se retribuye a través del:

a) Complemento de destino.
b) Complemento de atención continuada.

c) Complemento específico.
d) Complemento de productividad.

5. La Ley 55/2003, del Estatuto Marco del personal estatutario de los servicios de salud, no contempla entre las retribuciones complementarias:

a) El complemento específico.
b) El complemento de atención continuada.
c) El complemento de carrera.
d) El complemento al rendimiento profesional.

6. Según el Estatuto Marco, siempre que la duración de la jornada exceda de seis horas continuadas, deberá establecerse un periodo de descanso durante la misma de al menos:

a) 10 minutos.
b) 15 minutos.
c) 20 minutos.
d) 30 minutos.

7. La jornada realizada por el personal estatutario fuera de la jornada ordinaria de trabajo con el fin de garantizar la adecuada atención permanente al usuario de los centros sanitarios, se denomina:

a) Jornada extraordinaria.
b) Jornada complementaria.
c) Jornada partida.
d) Jornada de servicios localizados.

8. Las Comunidades Autónomas, en el ámbito de sus competencias, determinarán la limitación máxima de la jornada a tiempo parcial respecto a la jornada completa, con el límite máximo del:

a) El 80 % de la jornada ordinaria, en cómputo anual, o del que proporcionalmente corresponda si se trata de nombramiento temporal de menor duración.
b) El 75 % de la jornada ordinaria, en cómputo anual, o del que proporcionalmente corresponda si se trata de nombramiento temporal de menor duración.
c) El 70 % de la jornada ordinaria, en cómputo anual, o del que proporcionalmente corresponda si se trata de nombramiento temporal de menor duración.
d) El 50 % de la jornada ordinaria, en cómputo anual, o del que proporcionalmente corresponda si se trata de nombramiento temporal de menor duración.

9. El Estatuto Marco del personal estatutario regula las vacaciones anuales respecto de su duración en términos de:

a) Un mes.
b) Treinta días naturales.
c) No inferior a treinta días naturales.
d) El mes natural en que se disfrute.

10. Según el Estatuto Marco del personal estatutario, la situación de excedencia voluntaria por interés particular obliga a un periodo mínimo de permanencia en ella de:

a) Un año.
b) Dos años.
c) Doce meses.
d) No establece periodo mínimo.

En MADTEST tienes **más preguntas de este tema**, y todos tus avances quedan registrados y se reflejan en el ranking.

¡Supera tus límites con MADTEST!

Solución al test n.º 13

1. c) Las pagas extraordinarias.

2. d) Las condiciones particulares de algunos puestos.

3. a) Podrá asignarse más de un complemento específico a cada puesto por una misma circunstancia.

4. c) Complemento específico.

5. d) El complemento al rendimiento profesional.

6. b) 15 minutos.

7. b) Jornada complementaria.

8. b) El 75 % de la jornada ordinaria, en cómputo anual, o del que proporcionalmente corresponda si se trata de nombramiento temporal de menor duración.

9. c) No inferior a treinta días naturales.

10. b) Dos años.

TEST N.º 14

Derecho de reunión, sindicación y huelga del personal de los servicios de salud. Órganos de representación del personal estatutario. La participación en la determinación de las condiciones de trabajo. Acuerdos y Pactos. La negociación colectiva en las Administraciones Públicas

1. Quedan excluidas de la obligatoriedad de la negociación colectiva:

a) Las normas que fijen los criterios y mecanismos generales en materia de evaluación del desempeño.
b) Los criterios generales para la determinación de prestaciones sociales y pensiones de clases pasivas.
c) Los criterios generales sobre ofertas de empleo público.
d) La determinación de condiciones de trabajo del personal directivo.

2. Las Juntas de Personal se constituirán en unidades electorales que cuenten con un censo mínimo de:

a) 15 funcionarios.
b) 25 funcionarios.
c) 30 funcionarios.
d) 50 funcionarios.

3. En las Mesas de Negociación, las partes están obligadas a negociar bajo el principio de:

a) El interés general.
b) Representación equilibrada.
c) Reconocimiento mutuo.
d) La buena fe.

4. Tal y como señala el artículo 46 del EBEP, están legitimados para convocar una reunión los empleados públicos de las Administraciones respectivas en número no inferior:

a) Al 10 % del colectivo convocado.
b) Al 20 % del colectivo convocado.
c) Al 30 % del colectivo convocado.
d) Al 40 % del colectivo convocado.

5. A tenor del artículo 39 del EBEP los órganos específicos de representación de los funcionarios son:

a) Los Comités de Empresa y los Delegados de Prevención.
b) Los Delegados de Personal y las Juntas de Personal.
c) Las Mesas Generales de Negociación y las Mesas Sectoriales.
d) Los Comités de Personal y los Delegados de Servicio.

6. ¿Cuántos Delegados de Personal se elegirán en una unidad electoral con 41 funcionarios?

a) 1.
b) 2.
c) 3.
d) Entre 40 y 100 funcionarios se elige una Junta de Personal con 5 representantes.

7. Los miembros de las Juntas de Personal y los Delegados de Personal de una unidad administrativa con menos de 100 funcionarios, tendrán derecho dentro de la jornada de trabajo, a un crédito de:

a) 8 horas mensuales.
b) 10 horas mensuales.
c) 12 horas mensuales.
d) 15 horas mensuales.

8. El mandato de los miembros de las Juntas de Personal y de los Delegados de Personal, en su caso, será de:

a) 3 años.
b) 4 años.
c) 5 años.
d) 7 años.

9. Señala la opción correcta:

a) Las Juntas de Personal se elegirán mediante listas cerradas a través de un sistema proporcional corregido, y los Delegados de Personal mediante listas abiertas y sistema mayoritario.
b) Los Delegados de Personal se elegirán mediante listas cerradas a través de un sistema proporcional corregido, y las Juntas de Personal mediante listas abiertas y sistema mayoritario.

c) Tanto las Juntas de Personal como los Delegados de Personal se elegirán mediante listas cerradas a través de un sistema proporcional corregido.

d) Tanto las Juntas de Personal como los Delegados de Personal se elegirán mediante listas abiertas y sistema mayoritario.

10. Quienes ostenten cargos directivos o de representación en el sindicato en que estén afiliados, no podrán desempeñar, simultáneamente, en las Administraciones Públicas:

a) Cargos de libre designación.

b) El cargo de Director General o de Subdirector General.

c) Ningún cargo representativo de la Administración Pública.

d) Cargos de libre designación de categoría de Director General o asimilados, así como cualquier otro de rango superior.

En MADTEST tienes **más preguntas de este tema**, y todos tus avances quedan registrados y se reflejan en el ranking.

¡Supera tus límites con MADTEST!

Solución al test n.º 14

1. d) La determinación de condiciones de trabajo del personal directivo.

2. d) 50 funcionarios.

3. d) La buena fe.

4. d) Al 40 % del colectivo convocado.

5. b) Los Delegados de Personal y las Juntas de Personal.

6. c) 3.

7. d) 15 horas mensuales.

8. b) 4 años.

9. a) Las Juntas de Personal se elegirán mediante listas cerradas a través de un sistema proporcional corregido, y los Delegados de Personal mediante listas abiertas y sistema mayoritario.

10. d) Cargos de libre designación de categoría de Director General o asimilados, así como cualquier otro de rango superior.

El personal de las Administraciones Públicas: sus deberes y funciones con respecto a la Administración, a la sociedad y al ciudadano. Los servicios de información administrativa y atención al ciudadano

1. Conforme al artículo 5 de la Ley 5/2017, de Integridad y Ética Públicas, un objetivo general en materia de integridad y ética públicas en Aragón es, promover y fortalecer las medidas para garantizar la integridad y la ética públicas combatiendo eficazmente cualquier modalidad de corrupción y de:

a) Ineficacia.
b) Burocracia.
c) Falta de transparencia.
d) Clientelismo.

2. No es un órgano de la Agencia de Integridad y Ética Públicas de Aragón:

a) El Gerente.
b) Los Subdirectores de evaluación, de investigación y de régimen interior.
c) El Director.
d) La Comisión Ejecutiva.

3. Señala la opción incorrecta. El Registro de lobistas y lobbies creado por la Ley 5/2017 tendrá carácter:

a) Público.
b) Colectivo.
c) Gratuito.
d) Accesible.

4. Según el artículo 53 del EBEP, es un principio del código ético de los empleados públicos:

a) El desempeño de las tareas correspondientes a su puesto de trabajo se realizará de forma diligente y cumpliendo la jornada y el horario establecidos.
b) Honradez.
c) Respeto a la igualdad entre mujeres y hombres.
d) Ajustar su actuación a los principios de lealtad y buena fe con la Administración en la que presten sus servicios, y con sus superiores, compañeros, subordinados y con los ciudadanos.

5. El conjunto de normas morales que rigen la conducta de la persona en cualquier ámbito de la vida es:

a) Los valores.
b) La moral.
c) La ética.
d) Los principios.

6. Según el Estatuto Básico del Empleado Público, la actuación de éste perseguirá la satisfacción de los intereses generales de los ciudadanos y se fundamentará en consideraciones objetivas orientadas hacia la imparcialidad y:

a) El interés común.
b) La transparencia.
c) La eficacia.
d) La economía.

7. ¿Cuál de los siguientes es un principio de conducta de los empleados públicos?

a) Cumplir con diligencia las tareas que les correspondan o se les encomienden y, en su caso, resolver dentro de plazo los procedimientos o expedientes de su competencia.
b) No aceptar ningún trato de favor o situación que implique privilegio o ventaja injustificada, por parte de personas físicas o entidades privadas.
c) Realizar el desempeño de las tareas correspondientes a su puesto de trabajo de forma diligente y cumpliendo la jornada y el horario establecidos.
d) Basar su conducta en el respeto de los derechos fundamentales y libertades públicas, evitando toda actuación que pueda producir discriminación alguna por razón de nacimiento, origen racial o étnico, género, sexo, orientación sexual, religión o convicciones, opinión, discapacidad, edad o cualquier otra condición o circunstancia personal o social.

8. ¿Cuál de los siguientes es un principio ético del Código de Conducta de los empleados públicos?

a) Tratar con atención y respeto a los ciudadanos, a sus superiores y a los restantes empleados públicos.
b) Informar a los ciudadanos sobre aquellas materias o asuntos que tengan derecho a conocer, y facilitar el ejercicio de sus derechos y el cumplimiento de sus obligaciones.

c) Ejercer sus atribuciones según el principio de dedicación al servicio público absteniéndose no solo de conductas contrarias al mismo, sino también de cualesquiera otras que comprometan la neutralidad en el ejercicio de los servicios públicos.

d) Garantizar la constancia y permanencia de los documentos para su transmisión y entrega a sus posteriores responsables.

9. El Código de buen gobierno del sector público de Aragón, ¿es aplicable a los Diputados de las Cortes de Aragón?

a) No; las Cortes de Aragón tendrán su propio Código.
b) Sí, obligatoriamente a todos ellos de forma individual.
c) Sí, de manera voluntaria y mediante adhesión individual.
d) Sí, de manera voluntaria mediante adhesión colectiva.

10. ¿Cuál de los siguientes es un principio ético del Código de buen gobierno del sector público de Aragón?

a) Actuar con imparcialidad en el ejercicio de sus funciones, sin que la pertenencia a órganos ejecutivos y de dirección en partidos políticos comprometa su actuación ni suponga menoscabo o dejación de las funciones que tengan encomendadas.

b) Ser accesibles a los ciudadanos, respondiendo a sus peticiones, escritos y reclamaciones que formulen.

c) Rechazar cualquier regalo, favor o servicio en condiciones ventajosas que suponga una ganancia o ahorro que vaya más allá de los usos habituales, sociales y de cortesía o préstamos u otras prestaciones económicas que puedan condicionar el desempeño de sus funciones.

d) El pleno respeto a la Constitución, al Estatuto de Autonomía de Aragón y al resto del ordenamiento jurídico, ajustando su actuación a los valores superiores de libertad, justicia, igualdad y pluralismo político.

En MADTEST tienes **más preguntas de este tema,** y todos tus avances quedan registrados y se reflejan en el ranking.

¡Supera tus límites con MADTEST!

Solución al test n.º 15

1. d) Clientelismo.

2. a) El Gerente.

3. b) Colectivo.

4. d) Ajustar su actuación a los principios de lealtad y buena fe con la Administración en la que presten sus servicios, y con sus superiores, compañeros, subordinados y con los ciudadanos.

5. c) La ética.

6. a) El interés común.

7. c) Realizar el desempeño de las tareas correspondientes a su puesto de trabajo de forma diligente y cumpliendo la jornada y el horario establecidos.

8. c) Ejercer sus atribuciones según el principio de dedicación al servicio público absteniéndose no solo de conductas contrarias al mismo, sino también de cualesquiera otras que comprometan la neutralidad en el ejercicio de los servicios públicos.

9. c) Sí, de manera voluntaria y mediante adhesión individual.

10. d) El pleno respeto a la Constitución, al Estatuto de Autonomía de Aragón y al resto del ordenamiento jurídico, ajustando su actuación a los valores superiores de libertad, justicia, igualdad y pluralismo político.

TEST N.º 16

La atención primaria de la salud: concepto y características generales. La ordenación de la Atención Primaria en la Comunidad Autónoma de Aragón. Órganos de dirección

1. ¿En qué año se publicó la Declaración de Alma-Ata sobre Atención Primaria?

a) 1982.
b) 1978.
c) 1975.
d) 1980.

2. Según el artículo 51 de la Ley 6/2002 de Aragón, la atención primaria se caracteriza principalmente por:

a) Prestar atención integral mediante el trabajo del equipo de atención primaria.
b) Ser el nivel de atención hospitalaria.
c) Actuar como segundo nivel asistencial.
d) Ser exclusivamente asistencial y domiciliaria.

3. ¿Cuál de las siguientes funciones NO se incluye en las áreas de salud según el art. 15 del Decreto Legislativo 2/2004?

a) Promoción de salud.
b) Prevención y rehabilitación.
c) Coordinación con especializada.
d) Alta hospitalaria exclusiva.

4. La zona básica de salud se caracteriza por:

a) Ser equivalente a un hospital comarcal.
b) Centralizar solo urgencias.

c) Ser el marco geográfico y poblacional básico de atención primaria.

d) Depender directamente del Ministerio de Sanidad.

5. ¿Cuál de los siguientes es un órgano central del Servicio Aragonés de Salud según el Decreto 39/2024?

a) Comisión Técnico-Asistencial.

b) Dirección de Enfermería.

c) Consejo de Salud de Zona.

d) Subdirección Médica.

6. ¿Qué órgano es responsable del seguimiento y evaluación de los contratos de gestión clínica en atención primaria?

a) Consejo Rector.

b) Gerencia única de Atención Primaria.

c) Comisión de Dirección del Sector.

d) Coordinador médico del EAP.

7. ¿Cuál es el intervalo óptimo de población asignada por equipo de atención primaria?

a) 10.000-15.000 personas.

b) 5.000-8.000 personas.

c) 15.000-20.000 personas.

d) 20.000-25.000 personas.

8. El Coordinador del Equipo de Atención Primaria es nombrado por:

a) El Consejo Rector del Área.

b) El Director de Atención Primaria.

c) El Gerente del Área del Servicio Aragonés de Salud.

d) El Consejero de Sanidad.

9. ¿Cuál de las siguientes funciones corresponde a un centro de salud según el Texto Refundido?

a) Gestionar las áreas hospitalarias.

b) Servir como centro de reunión comunidad-profesionales.

c) Autorizar presupuestos del área.

d) Organizar el Consejo Rector.

10. La atención continuada en centros abiertos 24 horas se presta:

a) Solo en fines de semana.
b) Únicamente en hospitales comarcales.
c) En horario exclusivo de consulta programada.
d) De lunes a viernes de 15 a 8 h del día siguiente.

En MADTEST tienes **más preguntas de este tema**, y todos tus avances quedan registrados y se reflejan en el ranking.

¡Supera tus límites con MADTEST!

Solución al test n.º 16

1. b) 1978.

2. a) Prestar atención integral mediante el trabajo del equipo de atención primaria.

3. d) Alta hospitalaria exclusiva.

4. c) Ser el marco geográfico y poblacional básico de atención primaria.

5. b) Dirección de Enfermería.

6. b) Gerencia única de Atención Primaria.

7. a) 10.000-15.000 personas.

8. c) El Gerente del Área del Servicio Aragonés de Salud.

9. b) Servir como centro de reunión comunidad-profesionales.

10. d) De lunes a viernes de 15 a 8 h del día siguiente.

La asistencia especializada: concepto y características generales. La ordenación de la atención especializada en la Comunidad Autónoma de Aragón. Órganos de dirección

1. ¿Cuál es la estructura física fundamental de la Atención Especializada?

a) Centro de salud.
b) Consultorios locales.
c) Hospital.
d) Ambulatorios.

2. ¿Cuál de las siguientes prestaciones es exclusiva de la Atención Especializada frente a la Primaria?

a) Urgencias.
b) Consultas externas.
c) Rehabilitación.
d) Internamiento.

3. Uno de los objetivos de la Atención Especializada es:

a) Evitar la hospitalización siempre.
b) Posibilitar la hospitalización del paciente que lo precise.
c) Prestar únicamente asistencia ambulatoria.
d) Sustituir la Atención Primaria.

4. ¿Qué característica define la actual organización de la Atención Especializada?

a) Exclusión de recursos extrahospitalarios.
b) Carencia de coordinación con primaria.

c) Integración de recursos hospitalarios y extrahospitalarios.
d) Estructura única solo hospitalaria.

5. La jerarquización en la Atención Especializada implica principalmente:

a) Integración de asistencia hospitalaria y ambulatoria.
b) Cierre de centros de especialidades.
c) Sustituir al hospital por centros ambulatorios.
d) Eliminación de médicos de cupo.

6. ¿Qué modalidad asistencial requiere indicación de otro facultativo para realizarse?

a) Hospital de día.
b) Urgencias.
c) Consultas externas.
d) Asistencia domiciliaria especializada.

7. La reforma de la Atención Especializada se fundamenta en principios recogidos en:

a) La Ley 3/1986.
b) El Decreto 39/2024.
c) La Ley General de Sanidad.
d) La Ley de Autonomía del Paciente.

8. ¿Qué servicio es una incorporación destacada en la reforma de la atención especializada?

a) Consultas móviles.
b) Atención sin cita.
c) Hospitalización única.
d) Cita previa en centros de especialidades.

9. Según el artículo 52 de la Ley 6/2002, la Atención Especializada en Aragón se presta en:

a) Hospitales y centros especializados de diagnóstico y tratamiento.
b) Ambulatorios únicamente.
c) Centros de salud.
d) Clínicas privadas.

10. ¿Quién establece los mecanismos para acceder a recursos del Sistema Nacional de Salud si se superan los del área?

a) Consejo de Salud de Zona.
b) Director del hospital.
c) Departamento responsable en materia de Salud.
d) Gerencia del sector.

En MADTEST tienes **más preguntas de este tema**, y todos tus avances quedan registrados y se reflejan en el ranking.

¡Supera tus límites con MADTEST!

Solución al test n.º 17

1. c) Hospital.

2. d) Internamiento.

3. b) Posibilitar la hospitalización del paciente que lo precise.

4. c) Integración de recursos hospitalarios y extrahospitalarios.

5. a) Integración de asistencia hospitalaria y ambulatoria.

6. d) Asistencia domiciliaria especializada.

7. c) La Ley General de Sanidad.

8. d) Cita previa en centros de especialidades.

9. a) Hospitales y centros especializados de diagnóstico y tratamiento.

10. c) Departamento responsable en materia de Salud.

TEST N.º 18

El usuario del Sistema Nacional de Salud: sus derechos y deberes. La tarjeta sanitaria individual. El derecho de información sanitaria y a la intimidad en la Ley Básica Reguladora de la Autonomía del Paciente y Derechos y Obligaciones en materia de información y documentación clínica

1. La Ley de Autonomía del Paciente establece la obligatoriedad de obtener el consentimiento informado del paciente:

a) Solo en los casos de intervención quirúrgica.

b) Solo en los casos de aplicación de procedimientos que supongan grandes riesgos o inconvenientes de notoria repercusión negativa sobre su salud.

c) Para toda actuación en el ámbito de su salud.

d) La Ley no establece esta obligación.

2. Tal y como establece la Ley 41/2002, de Autonomía del Paciente, en caso de que el paciente no acepte el tratamiento, se le propondrá que firme el alta voluntaria y si no la firma, la Dirección del Centro:

a) Puede disponer el alta forzosa.

b) Firmará en su nombre el alta involuntaria.

c) Mantendrá el ingreso por periodo mínimo de cinco días naturales.

d) No está reconocida la negativa al tratamiento de los pacientes.

3. El derecho del paciente a no ser informado:

a) No está reconocido por la ley.

b) Podrá restringirse en cualquier momento.

c) Podrá restringirse cuando sea estrictamente necesario en beneficio del paciente.

d) Solo podrá ejercitarse si el paciente designa a un familiar o a otra persona a la que se le facilite la información.

4. El reconocimiento legal de que se respeten los deseos expresados anteriormente en el documento de instrucciones previas es una manifestación del derecho:

a) A la información sanitaria.
b) A la segunda opinión.
c) A la autonomía del paciente.
d) A la información post-mortem.

5. Indique la proposición incorrecta en relación con los requisitos del consentimiento:

a) Debe ser libre.
b) Debe ser voluntario.
c) La decisión de consentir debe anteceder a una información adecuada.
d) La persona que lo presta debe tener capacidad para conocer, comprender y querer el alcance de su decisión.

6. La Ley 41/2002, de Autonomía del paciente, establece que, como regla general, el consentimiento se manifestará en forma:

a) Verbal.
b) Escrita.
c) Documental.
d) Ante testigos.

7. Según establece la Ley 41/2002, de Autonomía del paciente, el paciente o usuario tiene derecho a decidir libremente entre las opciones clínicas disponibles después de recibir:

a) Información completa.
b) Información adecuada.
c) Información documental.
d) Información escrita.

8. La renuncia del paciente a recibir información:

a) No se reconoce por la ley.
b) Está limitada por el interés de la salud del propio paciente.
c) No está limitada por el interés de la salud de terceros.
d) Ninguna de las anteriores es correcta.

9. Uno de los fundamentos éticos del consentimiento informado es el principio de autonomía. En aplicación del mismo el profesional sanitario tiene el deber de:

a) Evitar el mal del paciente.
b) Hacer el bien al paciente.

c) Respetar la libre determinación del paciente.

d) Actuar sin discriminación.

10. Según establece la Ley 41/2002, de Autonomía del Paciente, ha de constar siempre por escrito:

a) La información al paciente.

b) El consentimiento informado.

c) La aceptación del tratamiento.

d) La negativa al tratamiento.

En MADTEST tienes **más preguntas de este tema**, y todos tus avances quedan registrados y se reflejan en el ranking.

¡Supera tus límites con MADTEST!

Solución al test n.º 18

1. c) Para toda actuación en el ámbito de su salud.

2. a) Puede disponer el alta forzosa.

3. c) Podrá restringirse cuando sea estrictamente necesario en beneficio del paciente.

4. c) A la autonomía del paciente.

5. c) La decisión de consentir debe anteceder a una información adecuada.

6. a) Verbal.

7. b) Información adecuada.

8. b) Está limitada por el interés de la salud del propio paciente.

9. c) Respetar la libre determinación del paciente.

10. d) La negativa al tratamiento.

TEST N.º 19

**La comunicación paciente/usuario.
Factores que la facilitan o dificultan.
Diferencia entre información y comunicación**

1. ¿Qué aspecto de la comunicación del profesional con el paciente o sus familiares es inadecuado?

a) Usar un lenguaje claro.
b) Utilizar palabras empleadas habitualmente en el lenguaje coloquial.
c) Emplear y abusar de tecnicismos.
d) Usar frases cortas y precisas.

2. ¿Qué barrera del lenguaje se da por discapacidad física?

a) Neurosis.
b) Alteraciones de la memoria.
c) Ceguera.
d) Psicosis.

3. Con respecto al lenguaje corporal, es cierto que:

a) En la distancia pública, el sanitario que comunica con el paciente está separado de él más de 3 metros.
b) En la distancia social, dicha separación está entre 1 y 2 metros.
c) En la distancia personal, dicha separación está entre 0,5 y 1 m.
d) b) y c) son correctas.

4. Las relaciones interpersonales son deficientes cuando producen (indica la incorrecta):

a) Frustración.
b) Empatía.

c) Enojo.
d) Deserción.

5. La convicción es un método que:

a) Permite a una persona hacer comprensible a otra una idea o hecho que se le quiera transmitir.
b) Pretende persuadir a otra persona para que crea algo.
c) Pretende influenciar de forma oral sobre la mente del receptor.
d) Puede demostrar a una persona una idea.

6. Para establecer una buena relación de empatía hay que tener en cuenta:

a) El respeto.
b) Los comentarios.
c) El léxico.
d) Todas son correctas.

7. Indica la incorrecta. Son dificultades para la comunicación:

a) La sordera.
b) La sinceridad.
c) Hablar demasiado deprisa.
d) Hablar siempre mirando a la cara.

8. La fase en la que el profesional ya ha procesado la información recibida y se ha planteado mentalmente lo que puede decir o hacer para establecer una relación adecuada con el paciente y se inicia una relación profesional con el enfermo y sus familiares, se denomina:

a) Fase de ejecución.
b) Fase receptiva.
c) Fase de contacto.
d) Fase de conclusión.

9. ¿Qué es la redundancia?

a) Es la acción de informar, evaluar, convencer u organizar la información.
b) Es el tiempo que uno tarda en entender un problema en particular.
c) Es la medida del grado en que la información representa lo que pretende representar.
d) Es el exceso de información transmitida por unidad de datos.

10. Si decimos que la información es determinística:

a) Se da un conjunto de resultados posible junto con sus probabilidades correspondientes.

b) Supone que existen uno o más valores.

c) Supone que existe un solo valor.

d) Ninguna respuesta es correcta.

En MADTEST tienes **más preguntas de este tema**, y todos tus avances quedan registrados y se reflejan en el ranking.

¡Supera tus límites con MADTEST!

Solución al test n.º 19

1. c) Emplear y abusar de tecnicismos.

2. c) Ceguera.

3. d) b) y c) son correctas.

4. b) Empatía.

5. b) Pretende persuadir a otra persona para que crea algo.

6. d) Todas son correctas.

7. d) Hablar siempre mirando a la cara.

8. a) Fase de ejecución.

9. d) Es el exceso de información transmitida por unidad de datos.

10. c) Supone que existe un solo valor.

TEST N.º 20

Conceptos de documento, registro y archivo, funciones y clases de archivo. Documentación de uso en los centros sanitarios: administrativa y clínica. La historia clínica: funciones, características, contenido

1. El artículo 49.1 de la Ley 16/1985, de 25 de junio, del Patrimonio Histórico Español, lo define como "toda expresión en lenguaje natural o convencional y cualquier otra expresión gráfica, sonora o en imagen, recogidas en cualquier tipo de soporte material, incluso los soportes informáticos":

a) El documento.
b) El registro.
c) El archivo.
d) El expediente.

2. Es una característica del documento de archivo:

a) Es único e irrepetible.
b) Reflejan relaciones entre personas y Administración de forma subjetiva.
c) Carece de carácter seriado.
d) La reproducción en numerosos ejemplares.

3. ¿Cuál de los siguientes caracteres externos del documento alude a la configuración física del documento y a la manera en que se ha conservado?

a) Clase.
b) Forma.
c) Formato.
d) Soporte.

4. Es un carácter interno del documento:

a) Tipo.
b) Formato.

c) Forma.
d) Origen funcional.

5. ¿En qué edad se encuentran los documentos del archivo de gestión?

a) Edad histórica.
b) Edad administrativa.
c) Edad intermedia.
d) Edad preadministrativa.

6. ¿En qué edad del documento predomina claramente el valor secundario?

a) Edad administrativa.
b) Edad intermedia.
c) Edad histórica.
d) Edad prehistórica.

7. Es cierto que la documentación de apoyo informativo:

a) Forma parte del Patrimonio Documental.
b) Se produce como resultado de la gestión administrativa.
c) Es útil para el correcto desarrollo de la actividad administrativa.
d) No puede contener textos legales, boletines oficiales, publicaciones o circulares.

8. Conforme al artículo 26.2 de la LPACAP, para ser considerados válidos, los documentos electrónicos deberán:

a) Contener información de naturaleza jurídica archivada en un soporte electrónico según un formato determinado susceptible de identificación y tratamiento diferenciado.
b) Carecer de datos de identificación que puedan permitir su individualización.
c) Incorporar los metadatos mínimos exigidos.
d) Formar parte de un expediente administrativo.

9. En caso de que excepcionalmente, en un procedimiento, el interesado deba presentar un documento original, tendrá derecho a:

a) Obtener una copia autenticada del documento original.
b) No desprenderse de él, presentándolo únicamente para que el funcionario correspondiente autentifique una copia con la que se quedará, devolviendo el original al interesado.
c) Recuperarlo en un plazo máximo de 30 días.
d) Ninguna norma puede exigir la presentación de documentos originales.

10. En relación con los documentos electrónicos administrativos, no es cierto que:

a) Para ser considerados válidos, los documentos electrónicos administrativos deberán disponer de los datos de identificación que permitan su individualización, sin perjuicio de su posible incorporación a un expediente electrónico.

b) A menos que su naturaleza exija otra forma más adecuada de expresión y constancia, las Administraciones Públicas emitirán los documentos administrativos por escrito, a través de medios electrónicos.

c) Los documentos electrónicos emitidos por las Administraciones Públicas que se publiquen con carácter meramente informativo requieren firma electrónica para ser considerados documentos administrativos.

d) Cualquier documento electrónico emitido por una Administración Pública requerirá que se identifique su origen aunque no forme parte de un expediente administrativo.

En MADTEST tienes **más preguntas de este tema**, y todos tus avances quedan registrados y se reflejan en el ranking.

¡Supera tus límites con MADTEST!

Solución al test n.º 20

1. a) El documento.

2. a) Es único e irrepetible.

3. c) Formato.

4. d) Origen funcional.

5. b) Edad administrativa.

6. c) Edad histórica.

7. c) Es útil para el correcto desarrollo de la actividad administrativa.

8. c) Incorporar los metadatos mínimos exigidos.

9. a) Obtener una copia autenticada del documento original.

10. c) Los documentos electrónicos emitidos por las Administraciones Públicas que se publiquen con carácter meramente informativo requieren firma electrónica para ser considerados documentos administrativos.

TEST N.º 21

Funcionamiento de los Centros Sanitarios. Servicio de documentación clínica hospitalaria. Servicio de admisión. Servicio de atención al paciente

1. Según la Ley 14/1986, de 25 de abril, General de Sanidad, ¿cuáles son las dos modalidades en las que se divide la Asistencia Sanitaria?

a) Atención Primaria y Atención Especializada.
b) Atención Preventiva y Atención Paliativa.
c) Atención Hospitalaria y Atención Ambulatoria.
d) Atención de Urgencias y Atención Programada.

2. ¿Cuál es el objetivo principal de ha originado en las organizaciones hospitalarias la necesidad de articular una estructura que ordene y coordine las actividades que se producen alrededor de la asistencia médica?

a) Facilitar el acceso de la población a los recursos disponibles manteniendo equidad y eficiencia.
b) Aumentar la cantidad de consultas médicas sin importar la eficiencia del sistema.
c) Reducir el número de pacientes atendidos para optimizar recursos.
d) Priorizar la atención especializada sobre la atención primaria.

3. ¿Cuál de las siguientes NO es una función del Servicio de Admisión y Documentación Clínica (SADC)?

a) Gestionar y organizar los archivos de documentación e historias clínicas.
b) Coordinarse con otras instituciones sanitarias para la tramitación de traslados.
c) Realizar procedimientos quirúrgicos y asistenciales.
d) Desarrollar y mantener los sistemas de información asistencial.

4. ¿Cuál de las siguientes funciones corresponde a la Unidad de Admisión de Hospitalización y Urgencias?

a) Gestionar y centralizar el registro de pacientes en lista de espera quirúrgica.
b) Gestionar la filiación e ingreso de pacientes programados y urgentes.

c) Regular el acceso a la atención sanitaria ambulatoria y consultas externas.
d) Archivar y custodiar las historias clínicas del hospital.

5. ¿Cuál es la función principal de la Unidad de Lista de Espera Quirúrgica?

a) Gestionar y asignar camas en el área de hospitalización.
b) Coordinar el traslado de pacientes entre hospitales.
c) Mantener y centralizar el registro de pacientes pendientes de una intervención quirúrgica no urgente.
d) Gestionar la citación para consultas externas y hospital de día.

6. ¿Según la Orden SAN/1368/2018, cuál es una de las funciones principales de los Servicios de Información y Atención al Usuario (SIAUs)?

a) Coordinar y estandarizar la organización y funcionamiento de los SIAUs en el sistema público de salud.
b) Gestionar únicamente las citas médicas de los pacientes.
c) Proporcionar atención médica urgente a los usuarios.
d) Supervisar exclusivamente la labor del personal sanitario.

7. Según el artículo 6.4 de la Ley 6/2002, ¿qué deben tener permanentemente a disposición de los usuarios los centros sanitarios públicos?

a) Información accesible sobre derechos y deberes, formularios de sugerencias y reclamaciones, y personal identificado para atención al público.
b) Un listado con los historiales clínicos de todos los pacientes.
c) Un servicio exclusivo de atención telefónica sin atención presencial.
d) Un acceso directo a la dirección del hospital para presentar quejas en persona.

8. ¿De quién dependen funcional y orgánicamente los Servicios de Información y Atención al Usuario en el Sistema de Salud de Aragón?

a) Funcionalmente del Director del hospital y orgánicamente del Ministerio de Sanidad.
b) Funcionalmente del Consejo de Administración del hospital y orgánicamente de la Consejería de Educación.
c) Funcionalmente de la Dirección de Enfermería y orgánicamente del Director Médico del hospital.
d) Funcionalmente de la Dirección General de Cuidados y Humanización, y orgánicamente del Gerente del sector correspondiente del Servicio Aragonés de Salud.

9. ¿A quién corresponde la coordinación funcional de los Servicios de Información y Atención al Usuario en el Sistema de Salud de Aragón?

a) A la Gerencia del Servicio Aragonés de Salud.
b) A la Dirección General competente en materia de derechos y garantías de los usuarios.

c) A la Consejería de Sanidad del Gobierno de Aragón.
d) A la Dirección de Enfermería de cada hospital.

10. ¿Qué principios guían el funcionamiento de los Servicios de Información y Atención al Usuario según el artículo 5 de la Orden SAN/1368/2018?

a) Transparencia, rapidez, gratuidad y accesibilidad.
b) Innovación, rentabilidad, eficacia y autonomía.
c) Equidad, ética, confidencialidad y calidad.
d) Seguridad, competitividad, imparcialidad y sostenibilidad.

En MADTEST tienes **más preguntas de este tema**, y todos tus avances quedan registrados y se reflejan en el ranking.

¡Supera tus límites con MADTEST!

Solución al test n.º 21

1. a) Atención Primaria y Atención Especializada.

2. a) Facilitar el acceso de la población a los recursos disponibles manteniendo equidad y eficiencia.

3. c) Realizar procedimientos quirúrgicos y asistenciales.

4. b) Gestionar la filiación e ingreso de pacientes programados y urgentes.

5. c) Mantener y centralizar el registro de pacientes pendientes de una intervención quirúrgica no urgente.

6. a) Coordinar y estandarizar la organización y funcionamiento de los SIAUs en el sistema público de salud.

7. a) Información accesible sobre derechos y deberes, formularios de sugerencias y reclamaciones, y personal identificado para atención al público.

8. d) Funcionalmente de la Dirección General de Cuidados y Humanización, y orgánicamente del Gerente del sector correspondiente del Servicio Aragonés de Salud.

9. b) A la Dirección General competente en materia de derechos y garantías de los usuarios.

10. c) Equidad, ética, confidencialidad y calidad.

TEST N.º 22

El Régimen General de Seguridad Social. Estructura del Sistema de Seguridad Social. Afiliación, cotización y recaudación. Acción protectora, concepto y clase de prestaciones

1. De conformidad con el artículo 136.1 TRLGGS, estarán obligatoriamente incluidos en el campo de aplicación del Régimen General de la Seguridad Social:

a) Los trabajadores por cuenta propia y los asimilados a los que se refiere el artículo 7.1.a) de esta ley, salvo que por razón de su actividad deban quedar comprendidos en el campo de aplicación de algún régimen especial de la Seguridad Social.

b) Los trabajadores por cuenta ajena y los asimilados a los que se refiere el artículo 7.1.a) de esta ley, salvo que por razón de su actividad deban quedar comprendidos en el campo de aplicación de algún régimen especial de la Seguridad Social.

c) Los trabajadores por cuenta ajena y los asimilados a los que por razón de su actividad deban quedar comprendidos en el campo de aplicación de algún régimen especial de la Seguridad Social.

d) Ninguna es correcta.

2. Según el artículo 137 TRLGSS no darán lugar a inclusión en este Régimen General los siguientes trabajos:

a) Los que se ejecuten mediante los llamados servicios amistosos, benévolos o de buena vecindad, los que den lugar a la inclusión en alguno de los sistemas especiales de la Seguridad Social y los realizados por los profesores universitarios eméritos, de conformidad con lo previsto en el apartado 2 de la disposición adicional vigésima segunda de la Ley Orgánica 6/2001, de 21 de diciembre, de Universidades, así como por el personal licenciado sanitario emérito nombrado al amparo de la disposición adicional cuarta de la Ley 55/2003, de 16 de diciembre, del Estatuto Marco del personal estatutario de los servicios de salud.

b) Los que se ejecuten ocasionalmente mediante los llamados servicios amistosos, benévolos o de buena vecindad, los que den lugar a la inclusión en alguno de los regímenes especiales de la Seguridad Social y los realizados por los profesores en general, así como por el personal licenciado sanitario.

c) Los que se ejecuten ocasionalmente mediante los llamados servicios amistosos, benévolos o de buena vecindad, los que den lugar a la inclusión en alguno de los regímenes especiales de la Seguridad Social y los realizados por los profesores universitarios eméritos, de conformidad con lo previsto en el apartado 2 de la disposición adicional vigésima segunda de la Ley Orgánica 6/2001, de 21 de diciembre, de Universidades, así como por el personal licenciado sanitario emérito nombrado al amparo de la disposición adicional cuarta de la Ley 55/2003, de 16 de diciembre, del Estatuto Marco del personal estatutario de los servicios de salud.

d) Los que se ejecuten ocasionalmente mediante los llamados servicios generosos, los que den lugar a la inclusión en alguno de los regímenes especiales de la Seguridad Social y los realizados por los profesores universitarios eméritos, de conformidad con lo previsto en el apartado 2 de la disposición adicional vigésima segunda de la Ley Orgánica 6/2001, de 21 de diciembre, de Universidades, así como por el personal licenciado sanitario emérito nombrado al amparo de la disposición adicional cuarta de la Ley 55/2003, de 16 de diciembre, del Estatuto Marco del personal estatutario de los servicios de salud.

3. A los efectos del artículo 136.2 TRLGSS se declaran expresamente comprendidos en el Régimen General:

a) Los trabajadores incluidos en el Sistema Especial para Empleados de Hogar y en el Sistema Especial para Trabajadores por Cuenta Ajena Agrarios, así como en cualquier otro de los sistemas especiales a que se refiere el artículo 11, establecidos en el Régimen General de la Seguridad Social.

b) Los trabajadores por cuenta ajena y los socios trabajadores de las sociedades de capital, aun cuando sean miembros de su órgano de administración, si el desempeño de este cargo no conlleva la realización de las funciones de dirección y gerencia de la sociedad, ni posean su control en los términos previstos por el artículo 305.2.b).

c) Como asimilados a trabajadores por cuenta ajena, los consejeros y administradores de las sociedades de capital, siempre que no posean su control en los términos previstos por el artículo 305.2.b), cuando el desempeño de su cargo conlleve la realización de las funciones de dirección y gerencia de la sociedad, siendo retribuidos por ello o por su condición de trabajadores por cuenta de la misma.

d) Todas son correctas.

4. A los efectos de las prestaciones en su modalidad contributiva, ¿quién queda comprendido en el campo de aplicación del sistema de la Seguridad Social?

a) Españoles y extranjeros residan o no en España.

b) Españoles que residan en territorio español y extranjeros que residan o se encuentren legalmente en España con independencia de la actividad que desarrollen.

c) Españoles que residan en España y extranjeros que residan o se encuentren en España siempre que en ambos supuestos ejerzan su actividad en territorio nacional y se trate de algunas de las actividades previstas en el artículo 7.1. TRLGSS.

d) Españoles que residan en territorio nacional.

5. Los Regímenes Especiales actualmente en vigor son:

a) Régimen Especial de Trabajadores por cuenta propia o autónomos (RETA).
b) RETA y Régimen Especial del Mar (REM).
c) RETA, REM, Régimen de la Minería del Carbón y Seguro Escolar.
d) Ninguna es correcta.

6. Formas en las que puede promoverse la afiliación al sistema de la Seguridad Social:

a) A instancias del empresario o del representante de los trabajadores.
b) A instancias del empresario, de los trabajadores o de oficio.
c) A instancias del delegado sindical.
d) Por los trabadores.

7. La afiliación al sistema de la Seguridad Social debe realizarse:

a) Con carácter previo.
b) Dentro de los 30 días siguientes al iniciar la actividad.
c) Dentro de los 3 días siguientes al iniciar la actividad.
d) No es necesario solicitar la afiliación.

8. Según el art. 16 del Real Decreto Legislativo 8/2015, de 30 de octubre, por el que se aprueba el texto refundido de la Ley General de la Seguridad Social, ¿cuál de las siguientes respuestas es correcta?

a) La afiliación de los trabajadores a la Seguridad Social, así como, los trámites determinados por las altas, bajas y variaciones que puedan producirse con posterioridad a la afiliación podrán ser realizados de oficio por los correspondientes organismos de la Administración de la Seguridad Social.
b) La afiliación de los trabajadores a la Seguridad Social, así como, los trámites determinados por las altas, bajas y variaciones de datos que puedan producirse con posterioridad a la afiliación podrán practicarse a petición de las personas y entidades obligadas a dichos actos, a instancia de los interesados o de oficio por la Administración de la Seguridad Social.
c) Los trabajadores, en el caso de que las personas y entidades a quienes incumban las obligaciones de solicitar la afiliación, altas, bajas y variaciones de datos a la Seguridad Social incumplieran las mismas, únicamente podrán solicitar el alta pero no podrán solicitar ni la afiliación ni la baja de la Seguridad Social.
d) Los trabajadores, en ningún caso, podrán instar la afiliación a la Seguridad Social.

9. Las cotizaciones por contingencias profesionales tienen por objeto la cobertura de los siguientes riesgos:

a) Accidente de trabajo o accidente no laboral.
b) Accidente de trabajo o enfermedad profesional.

c) Enfermedad profesional o enfermedad común.

d) Nacimiento y cuidado del menor.

10. Como cotizaciones que se recaudan conjuntamente con las cotizaciones por contingencias comunes y profesionales encontramos:

a) Cotización por desempleo.

b) Cotización por fondo de garantía salarial.

c) Seguro de invalidez.

d) Cotización por desempleo, FOGASA y Formación Profesional.

En MADTEST tienes **más preguntas de este tema**, y todos tus avances quedan registrados y se reflejan en el ranking.

¡Supera tus límites con MADTEST!

Solución al test n.º 22

1. b) Los trabajadores por cuenta ajena y los asimilados a los que se refiere el artículo 7.1.a) de esta ley, salvo que por razón de su actividad deban quedar comprendidos en el campo de aplicación de algún régimen especial de la Seguridad Social.

2. c) Los que se ejecuten ocasionalmente mediante los llamados servicios amistosos, benévolos o de buena vecindad, los que den lugar a la inclusión en alguno de los regímenes especiales de la Seguridad Social y los realizados por los profesores universitarios eméritos, de conformidad con lo previsto en el apartado 2 de la disposición adicional vigésima segunda de la Ley Orgánica 6/2001, de 21 de diciembre, de Universidades, así como por el personal licenciado sanitario emérito nombrado al amparo de la disposición adicional cuarta de la Ley 55/2003, de 16 de diciembre, del Estatuto Marco del personal estatutario de los servicios de salud.

3. d) Todas son correctas.

4. c) Españoles que residan en España y extranjeros que residan o se encuentren en España siempre que en ambos supuestos ejerzan su actividad en territorio nacional y se trate de algunas de las actividades previstas en el artículo 7.1. TRLGSS.

5. c) RETA, REM, Régimen de la Minería del Carbón y Seguro Escolar.

6. b) A instancias del empresario, de los trabajadores o de oficio.

7. a) Con carácter previo.

8. b) La afiliación de los trabajadores a la Seguridad Social, así como, los trámites determinados por las altas, bajas y variaciones de datos que puedan producirse con posterioridad a la afiliación podrán practicarse a petición de las personas y entidades obligadas a dichos actos, a instancia de los interesados o de oficio por la Administración de la Seguridad Social.

9. b) Accidente de trabajo o enfermedad profesional.

10. d) Cotización por desempleo, FOGASA y Formación Profesional.

La calidad en los Centros Sanitarios.
Modelos y tendencias actuales de evaluación de la calidad

1. ¿Qué principio de estos (según la OMS) no pertenece a un sistema de salud perfecto?

a) Equidad.
b) Universalidad.
c) Participación de la población.
d) Centralización.

2. ¿Qué mide la adecuación?

a) El grado de consecución de los objetivos propuestos sin tener en cuenta el coste empleado.
b) El seguimiento de las necesidades sanitarias del individuo o la población.
c) El grado de consecución de los objetivos propuestos al mínimo coste posible.
d) Lo apropiado de los servicios que se ofertan en relación con las necesidades de la población que se atiende.

3. ¿Qué concepto indica el nivel en que se implica a los mismos usuarios en el cuidado de su salud?

a) Participación.
b) Aceptabilidad.
c) Eficiencia.
d) Equidad.

4. ¿Qué conceptos de estos es el más parecido al de justicia e igualdad?

a) Participación.
b) Aceptabilidad.

c) Eficiencia.
d) Equidad.

5. ¿Qué vertientes abarca el nivel científico-técnico como característica de calidad en salud?

a) El grado de consecución de los objetivos propuestos sin tener en cuenta el coste empleado.
b) El nivel de calidad de los equipos y las instalaciones en donde se presta la atención sanitaria.
c) El nivel de competencia de los profesionales que la aplican.
d) Son ciertas las opciones b) y c).

6. ¿Cuál es el principal motor de los programas intrainstitucionales de salud de mejora de la calidad?

a) La motivación de los profesionales.
b) La adecuación de las instalaciones.
c) La mejora en recursos materiales y humanos.
d) Ninguno de los anteriores.

7. Según Cote, la calidad es igual a:

a) Percepción + Expectativas.
b) Equidad + Participación.
c) Percepción - Expectativas.
d) Equidad - Participación.

8. La mejora continua pero fundamentalmente orientada al cliente (mayor satisfacción al menor coste), es:

a) Control de calidad.
b) Calidad total.
c) Calidad parcial.
d) Calidad unívoca.

9. ¿Qué se define en general como el proceso sistemático que intentará comprobar en qué medida un conjunto de actividades se ajusta a los criterios o estándares propuestos?

a) Percepción.
b) Gestión de calidad.
c) Evaluación.
d) Garantía de calidad.

10. ¿Por qué expertos se debe realizar siempre la evaluación externa?

a) De la propia institución.
b) Ajenos a la institución.
c) Ajenos a la institución y de la propia institución.
d) En otras materias de control, aunque sean de la propia institución o con lazos institucionales.

En MADTEST tienes **más preguntas de este tema**, y todos tus avances quedan registrados y se reflejan en el ranking.

¡Supera tus límites con MADTEST!

Solución al test n.º 23

1. d) Centralización.

2. d) Lo apropiado de los servicios que se ofertan en relación con las necesidades de la población que se atiende.

3. a) Participación.

4. d) Equidad.

5. d) Son ciertas las opciones b) y c).

6. a) La motivación de los profesionales.

7. c) Percepción - Expectativas.

8. b) Calidad total.

9. c) Evaluación.

10. b) Ajenos a la institución.

TEST N.º 24

El régimen jurídico de la protección de datos de carácter personal. Disposiciones generales. Derechos de las personas. Ficheros de titularidad pública. Acceso electrónico de los ciudadanos a los servicios públicos, transparencia y acceso a la información pública, conceptos básicos

1. Según el artículo 3 de la LO 3/2018, los requisitos y condiciones para acreditar la validez y vigencia de los mandatos e instrucciones de las personas fallecidas respecto al acceso a los datos personales de éstas por parte de las personas o instituciones que designaran expresamente, serán establecidos:

a) Por medio de una Directiva europea.
b) Por Ley estatal.
c) Por Ley autonómica.
d) Por Real Decreto.

2. El artículo 4 de la LO 3/2018 señala que, conforme al artículo 5.1.d) del Reglamento (UE) 2016/679, los datos serán exactos y, si fuere necesario:

a) Actualizados.
b) Aproximados.
c) Normalizados.
d) Digitalizados.

3. Conforme al artículo 5.1 de la LO 3/2018, estarán sujetas al deber de confidencialidad:

a) Únicamente los responsables del tratamiento.
b) Los responsables y encargados del tratamiento.
c) Los responsables y encargados del tratamiento de datos así como todas las personas que intervengan en cualquier fase de este.
d) Los responsables y encargados del tratamiento de datos así como todas las personas que intervengan en todas las fases de este.

4. Conforme a los artículos 4.11 del RGPD y 6.1 de la LO 3/2018, se entiende por consentimiento del afectado la aceptación, ya sea mediante una declaración o una clara acción afirmativa, del tratamiento de datos personales que le conciernen manifestada por voluntad libre, de forma específica, informada e/y:

a) Detallada.
b) Unitaria.
c) Inequívoca.
d) Por escrito.

5. Cuando se pretenda fundar el tratamiento de los datos en el consentimiento del afectado para una pluralidad de finalidades:

a) Será preciso que conste de manera específica e inequívoca que dicho consentimiento se otorga para todas ellas.

b) Será necesario demostrar que el afectado consintió expresamente e inequívocamente en alguna de las finalidades y, que el resto de finalidades están claramente relacionadas con aquella.

c) El responsable debe demostrar la adecuación de las distintas finalidades a un único objeto.

d) El consentimiento del afectado sólo puede afectar a una finalidad. Cada finalidad precisa un consentimiento propio e independiente.

6. Conforme al artículo 9 de la LO 3/2018, de 5 de diciembre, de Protección de Datos Personales y garantía de los derechos digitales, cuál de los siguientes tratamientos de categorías especiales de datos fundados en el Derecho español deberá estar amparado en una norma con rango de ley:

a) El interesado dio su consentimiento explícito para el tratamiento de dichos datos personales con uno o más de los fines especificados.

b) El tratamiento es necesario para el cumplimiento de obligaciones y el ejercicio de derechos específicos del responsable del tratamiento o del interesado en el ámbito del Derecho laboral y de la seguridad y protección social.

c) El tratamiento es necesario para proteger intereses vitales del interesado o de otra persona física, en el supuesto de que el interesado no esté capacitado, física o jurídicamente, para dar su consentimiento.

d) El tratamiento es necesario por razones de interés público en el ámbito de la salud pública, como la protección frente a amenazas transfronterizas graves para la salud, o para garantizar elevados niveles de calidad y de seguridad de la asistencia sanitaria y de los medicamentos o productos sanitarios.

7. Según el artículo 7.1 de la LO 3/2018, el tratamiento de los datos personales de un menor de edad únicamente podrá fundarse en su consentimiento cuando sea mayor de:

a) 12 años.
b) 13 años.

c) 14 años.
d) 16 años.

8. El derecho a la portabilidad de los datos:

a) Se podrá aplicar a los tratamientos que sean necesario para el cumplimiento de una misión realizada en interés público o en el ejercicio de poderes públicos conferidos al responsable del tratamiento.

b) A diferencia de otros derechos, podrá afectar negativamente a los derechos y libertades de otros.

c) Supone la obligación de que, en todo caso, los datos personales se transmitan directamente de responsable a responsable.

d) Requiere que el tratamiento se efectúe por medios automatizados.

9. En virtud del derecho de acceso al que se refiere el artículo 15 del Reglamento (UE) 2016/679, del Parlamento Europeo y del Consejo, de 27 de abril, relativo a la protección de las personas físicas en lo que respecta al tratamiento de datos personales y a la libre circulación de estos datos y por el que se deroga la Directiva 95/46/CE:

a) El interesado tendrá derecho a conocer si sus datos de carácter personal están siendo tratados, qué datos son objeto de dicho tratamiento, la finalidad del mismo, el origen de los citados datos y si se han comunicado o se van a comunicar a un tercero.

b) El interesado, previo pago de un canon, tendrá derecho a obtener información sobre sus datos de carácter personal sometidos a tratamiento.

c) El interesado tiene derecho a conocer el nombre y apellidos de las personas que han accedido a sus datos.

d) El interesado tendrá derecho a obtener información de sus datos de carácter personal sometidos a tratamiento, pero no de las comunicaciones que se prevean hacer de ellos.

10. Conforme al RGPD ¿puede facilitarse la información al interesado de forma verbal?

a) No, en ningún caso.

b) Sí, siempre que lo solicite el interesado.

c) Sí, en cualquier caso siempre que se demuestre la identidad del interesado por otros medios.

d) Sí, cuando lo solicite el interesado y se pueda demostrar su identidad por otros medios.

En MADTEST tienes **más preguntas de este tema**, y todos tus avances quedan registrados y se reflejan en el ranking.

¡Supera tus límites con MADTEST!

Solución al test n.º 24

1. d) Por Real Decreto.

2. a) Actualizados.

3. c) Los responsables y encargados del tratamiento de datos así como todas las personas que intervengan en cualquier fase de este.

4. c) Inequívoca.

5. a) Será preciso que conste de manera específica e inequívoca que dicho consentimiento se otorga para todas ellas.

6. d) El tratamiento es necesario por razones de interés público en el ámbito de la salud pública, como la protección frente a amenazas transfronterizas graves para la salud, o para garantizar elevados niveles de calidad y de seguridad de la asistencia sanitaria y de los medicamentos o productos sanitarios.

7. c) 14 años.

8. d) Requiere que el tratamiento se efectúe por medios automatizados.

9. a) El interesado tendrá derecho a conocer si sus datos de carácter personal están siendo tratados, qué datos son objeto de dicho tratamiento, la finalidad del mismo, el origen de los citados datos y si se han comunicado o se van a comunicar a un tercero.

10. d) Sí, cuando lo solicite el interesado y se pueda demostrar su identidad por otros medios.

El procedimiento administrativo: concepto, naturaleza y fines. Ley del Procedimiento Administrativo Común de las Administraciones Públicas. Ámbito de aplicación y principios informadores. Los sujetos del procedimiento administrativo. Fases del procedimiento. Cómputo de plazos. Régimen Jurídico del Sector Público: Disposiciones generales, principios de actuación y funcionamiento del sector público

1. Señala la respuesta correcta respecto al cómputo de plazos:

a) Salvo que por Ley o en el Derecho de la Unión Europea se disponga otro cómputo, cuando los plazos se señalen por horas, se entiende que estas son naturales.

b) Siempre que por Ley o en el Derecho de la Unión Europea no se exprese otro cómputo, cuando los plazos se señalen por días, se entiende que estos son naturales, incluyéndose en el cómputo los sábados, los domingos y los declarados festivos.

c) Los plazos expresados en días se contarán desde el mismo día en que tenga lugar la notificación o publicación del acto de que se trate, o desde el siguiente a aquel en que se produzca la estimación o la desestimación por silencio administrativo.

d) Cuando un día fuese hábil en el municipio o Comunidad Autónoma en que residiese el interesado, e inhábil en la sede del órgano administrativo, o a la inversa, se considerará inhábil en todo caso.

2. Señala la respuesta incorrecta respecto al cómputo de los plazos:

a) Cuando los plazos se hayan señalado por días naturales por declararlo así una ley o por el Derecho de la Unión Europea, se hará constar esta circunstancia en las correspondientes notificaciones.

b) Cuando el último día del plazo sea inhábil, se entenderá prorrogado al primer día hábil siguiente.

c) Los plazos expresados por horas se contarán de hora en hora y de minuto en minuto desde la hora y minuto en que tenga lugar la notificación o publicación del acto de que se trate y no podrán tener una duración superior a veinticuatro horas, en cuyo caso se expresarán en días.

d) La declaración de un día como hábil o inhábil a efectos de cómputo de plazos determina por sí sola el funcionamiento de los centros de trabajo de las Administraciones Públicas, la organización del tiempo de trabajo así como el régimen de jornada y horarios de las mismas.

3. El registro electrónico permite la presentación de documentos:

a) De lunes a viernes de 8 a 15 horas.
b) De lunes a viernes de 8 a 21 horas.
c) Todos los días del año de 8 a 21 horas.
d) Todos los días del año durante las veinticuatro horas.

4. Según el artículo 3 de la Ley 40/2015, uno de los principios de acuerdo con los que actúa la Administración Pública es el de buena fe, confianza legítima y:

a) Lealtad institucional.
b) Proximidad a los ciudadanos.
c) Servicio efectivo a los ciudadanos.
d) Responsabilidad.

5. Según el artículo 3 de la Ley 40/2015, uno de los principios de acuerdo con los que actúa la Administración Pública es el de simplicidad, claridad y:

a) Economía.
b) Eficacia.
c) Proximidad a los ciudadanos.
d) Racionalización.

6. Las comunicaciones entre órganos administrativos, tras la Ley 40/2015, de 1 de octubre, de Régimen Jurídico del Sector Público y la Ley 39/2015, de 1 de octubre, de Procedimiento Administrativo Común de la Administraciones Públicas, deben efectuarse:

a) Oralmente.
b) Por escrito siempre.
c) Telemáticamente, como regla general.
d) Por cualquier medio que asegure la constancia de su recepción.

7. En cuanto a la competencia de los órganos administrativos:

a) La competencia es renunciable por los órganos que la tengan atribuida.
b) La titularidad y el ejercicio de las competencias atribuidas a los órganos administrativos no podrán ser desconcentradas en otros jerárquicamente dependientes de aquellos.

c) La encomienda de gestión, la delegación de firma y la suplencia no suponen alteración de la titularidad de la competencia, aunque sí de los elementos determinantes de su ejercicio que en cada caso se prevén.

d) Si alguna disposición atribuye competencia a una Administración, sin especificar el órgano que debe ejercerla, se entenderá que la facultad de instruir y resolver los expedientes corresponde a los órganos superiores competentes por razón de la materia y del territorio.

8. ¿Cuál de los siguientes criterios no se considerará a la hora de graduar las sanciones administrativas?

a) La continuidad o persistencia en la conducta infractora.

b) La reincidencia, por comisión en el término de cinco años de más de una infracción de la misma naturaleza cuando así haya sido declarado por resolución firme en vía administrativa.

c) La naturaleza de los perjuicios causados.

d) El grado de culpabilidad o la existencia de intencionalidad.

9. ¿Cuándo prescribirán las sanciones impuestas por faltas leves?

a) Al año.
b) A los seis meses.
c) A los tres meses.
d) Al mes.

10. El sistema de responsabilidad patrimonial se aplica:

a) A todas las Administraciones Públicas.
b) A las Comunidades Autónomas.
c) A las Comunidades Autónomas y a la Administración Local.
d) A la Administración Local.

En MADTEST tienes **más preguntas de este tema**, y todos tus avances quedan registrados y se reflejan en el ranking.

¡Supera tus límites con MADTEST!

Solución al test n.º 25

1. d) Cuando un día fuese hábil en el municipio o Comunidad Autónoma en que residiese el interesado, e inhábil en la sede del órgano administrativo, o a la inversa, se considerará inhábil en todo caso.

2. d) La declaración de un día como hábil o inhábil a efectos de cómputo de plazos determina por sí sola el funcionamiento de los centros de trabajo de las Administraciones Públicas, la organización del tiempo de trabajo así como el régimen de jornada y horarios de las mismas.

3. d) Todos los días del año durante las veinticuatro horas.

4. a) Lealtad institucional.

5. c) Proximidad a los ciudadanos.

6. c) Telemáticamente, como regla general.

7. c) La encomienda de gestión, la delegación de firma y la suplencia no suponen alteración de la titularidad de la competencia, aunque sí de los elementos determinantes de su ejercicio que en cada caso se prevén.

8. b) La reincidencia, por comisión en el término de cinco años de más de una infracción de la misma naturaleza cuando así haya sido declarado por resolución firme en vía administrativa.

9. a) Al año.

10. a) A todas las Administraciones Públicas.

TEST N.º 26

El acto administrativo: características generales. Requisitos. Eficacia. Actos nulos y anulables. La revisión de los actos administrativos. Los recursos administrativos: concepto y clases. Responsabilidad de las autoridades y personal al servicio de las Administraciones Públicas

1. Los actos deben motivarse:

a) Siempre.
b) Nunca.
c) Cuando decidan un procedimiento.
d) Cuando la Ley lo prescriba.

2. No tienen por qué motivarse los actos que:

a) Resuelvan recursos.
b) Limiten derechos subjetivos.
c) Se separen del dictamen de órganos consultivos.
d) Todos los anteriores deben motivarse.

3. En la notificación de todo acto administrativo no es necesario que conste siempre:

a) Su texto íntegro.
b) Los recursos que contra el mismo procedan.
c) Los motivos en que se basa la decisión.
d) El plazo de interposición de los recursos.

4. ¿En qué supuestos la notificación se hará por medio de un anuncio publicado en el Boletín Oficial del Estado?

a) Cuando se ignore el lugar de la notificación.
b) Cuando los interesados en un procedimiento sean conocidos.
c) Cuando intentada la notificación, no se hubiera podido practicar.
d) Las respuestas a) y c) son correctas.

5. A tenor del artículo 41 LPACAP, las notificaciones se practicarán preferentemente:

a) Por la vía postal.
b) Telefónicamente.
c) Por medios electrónicos.
d) Por el medio más rápido y económico para la Administración.

6. Las resoluciones administrativas que vulneren lo establecido en una disposición reglamentaria son:

a) Nulas.
b) Válidas.
c) Anulables.
d) Temporalmente válidas.

7. Para que un acto tenga eficacia retroactiva es necesario que:

a) Limite derechos de los particulares.
b) Restrinja el ejercicio de facultades de los particulares.
c) Imponga deberes u obligaciones.
d) No se lesionen derechos de otras personas.

8. La presunción de legitimidad de los actos administrativos:

a) No admite prueba en contrario.
b) Dependerá de lo que el propio acto establezca.
c) Puede ser objeto de impugnación por el particular.
d) Solo se da cuando la Ley expresamente lo diga.

9. Se efectuarán por medios electrónicos las siguientes notificaciones:

a) Todas sin excepción desde la entrada en vigor de la Ley 39/2015.
b) Las que contengan medios de pago a favor de los obligados, tales como cheques.
c) Las de ciertos colectivos de personas físicas que por razón de su capacidad económica tienen acceso y disponibilidad de los medios electrónicos necesarios.
d) Todas son correctas.

10. Los actos dictados prescindiendo total y absolutamente del procedimiento legalmente establecido o de las normas que contienen las reglas esenciales para la formación de la voluntad de los órganos colegiados, se consideran:

a) Válidos.
b) Nulos de pleno derecho.
c) Anulables.
d) Irregulares.

En MADTEST tienes **más preguntas de este tema**, y todos tus avances quedan registrados y se reflejan en el ranking.

¡Supera tus límites con MADTEST!

Solución al test n.º 26

1. d) Cuando la Ley lo prescriba.

2. d) Todos los anteriores deben motivarse.

3. c) Los motivos en que se basa la decisión.

4. d) Las respuestas a) y c) son correctas.

5. c) Por medios electrónicos.

6. a) Nulas.

7. d) No se lesionen derechos de otras personas.

8. c) Puede ser objeto de impugnación por el particular.

9. c) Las de ciertos colectivos de personas físicas que por razón de su capacidad económica tienen acceso y disponibilidad de los medios electrónicos necesarios.

10. b) Nulos de pleno derecho.

El ciudadano y la Administración: derechos y deberes de los ciudadanos. Derecho de acceso a archivos y registros. Colaboración y comparecencia de los ciudadanos

1. ¿Cuál es la Ley de Procedimiento Administrativo Común de las Administraciones Públicas?

a) La Ley 30/1992, de 26 de noviembre.
b) La Ley 39/2015, de 1 de octubre.
c) La Ley 40/2015, de 1 de octubre.
d) La Ley 20/2014, de 29 de octubre.

2. En sus relaciones con las Administraciones Públicas, los ciudadanos tienen derecho a:

a) A comunicarse con las Administraciones Públicas a través de un Punto de Acceso General electrónico de la Administración.
b) A ser asistidos en el uso de medios electrónicos en sus relaciones con las Administraciones Públicas.
c) A utilizar las lenguas oficiales en el territorio de su Comunidad Autónoma, de acuerdo con lo previsto en esta Ley y en el resto del ordenamiento jurídico.
d) Todas son correctas.

3. Los interesados que se dirijan a los órganos de la Administración General del Estado con sede en el territorio de una Comunidad Autónoma, qué lengua utilizarán?

a) Únicamente podrán utilizar el castellano.
b) Utilizarán el castellano. No obstante, también podrán utilizar la lengua que sea cooficial en ella.
c) Utilizarán la lengua propia de cada Comunidad Autónoma.
d) La ley no dice nada al respecto.

4. En los procedimientos tramitados por las Administraciones de las Comunidades Autónomas y de las Entidades Locales, el uso de la lengua se ajustará a lo previsto:

a) En la Constitución española.
b) En la Ley 39/2015.
c) En la legislación autonómica correspondiente.
d) Ninguna es correcta.

5. El medio elegido por la persona para comunicarse con las Administraciones, ¿puede ser modificado?

a) No.
b) Sí, antes de la iniciación del procedimiento.
c) Sí, siempre previo al trámite de audiencia.
d) Sí, por aquella, en cualquier momento.

6. ¿Cuál de los siguientes, está obligado a relacionarse a través de medios electrónicos con las Administraciones Públicas?

a) Las personas jurídicas.
b) Los empleados de las Administraciones Públicas.
c) Quienes representen a un interesado.
d) Todas son correctas.

7. ¿Puede las Administraciones establecer la obligación de relacionarse con ellas a través de medios electrónicos?

a) Sí, pero debe aprobarse por Ley.
b) Sí, para ciertos colectivos de personas físicas que por razón de su capacidad económica, técnica, dedicación profesional u otros motivos quede acreditado que tienen acceso y disponibilidad de los medios electrónicos necesarios.
c) Sí, para cualquier colectivo y reglamentariamente.
d) Ninguna es correcta.

8. Indica la opción correcta:

a) Los titulares de las unidades administrativas y el personal al servicio de las Administraciones Públicas que tuviesen a su cargo la resolución o el despacho de los asuntos, estarán exentos de responsabilidad de pero estarán obligados a adoptar las medidas oportunas para remover los obstáculos que impidan, dificulten o retrasen el ejercicio pleno de los derechos de los interesados o el respeto a sus intereses legítimos, disponiendo lo necesario para evitar y eliminar toda anormalidad en la tramitación de procedimientos.
b) Los interesados, en materia de responsabilidad de la tramitación, deberán solicitar su exigencia a la Administración Pública de que dependa el personal afectado.

c) Los titulares de las unidades administrativas y el personal al servicio de las Administraciones Públicas que tuviesen a su cargo la resolución o el despacho de los asuntos, serán responsables directos de su tramitación y adoptarán las medidas oportunas para remover los obstáculos que impidan, dificulten o retrasen el ejercicio pleno de los derechos de los interesados o el respeto a sus intereses legítimos, disponiendo lo necesario para evitar y eliminar toda anormalidad en la tramitación de procedimientos.
d) Ninguna es correcta.

9. La comparecencia de las personas ante las oficinas públicas:

a) Siempre es obligatoria.
b) Será obligatoria cuando así esté previsto reglamentariamente.
c) Solo será obligatoria cuando así esté previsto en una norma con rango de ley.
d) Ninguna es correcta.

10. Indica el artículo 19 de la Ley 39/2015, que en los casos en que proceda la comparecencia, ¿Qué debe constar en la citación?

a) El lugar, fecha y hora.
b) Los medios disponibles.
c) Objeto de la comparecencia.
d) Todas son correctas.

En MADTEST tienes **más preguntas de este tema**, y todos tus avances quedan registrados y se reflejan en el ranking.

¡Supera tus límites con MADTEST!

Solución al test n.º 27

1. b) La Ley 39/2015, de 1 de octubre.

2. d) Todas son correctas.

3. b) Utilizarán el castellano. No obstante, también podrán utilizar la lengua que sea cooficial en ella.

4. c) En la legislación autonómica correspondiente.

5. d) Sí, por aquella, en cualquier momento.

6. a) Las personas jurídicas.

7. b) Sí, para ciertos colectivos de personas físicas que por razón de su capacidad económica, técnica, dedicación profesional u otros motivos quede acreditado que tienen acceso y disponibilidad de los medios electrónicos necesarios.

8. c) Los titulares de las unidades administrativas y el personal al servicio de las Administraciones Públicas que tuviesen a su cargo la resolución o el despacho de los asuntos, serán responsables directos de su tramitación y adoptarán las medidas oportunas para remover los obstáculos que impidan, dificulten o retrasen el ejercicio pleno de los derechos de los interesados o el respeto a sus intereses legítimos, disponiendo lo necesario para evitar y eliminar toda anormalidad en la tramitación de procedimientos.

9. c) Solo será obligatoria cuando así esté previsto en una norma con rango de ley.

10. d) Todas son correctas.

TEST N.º 28

**La jurisdicción Contenciosa-Administrativa. Su organización.
Las partes. Actos impugnables. Idea general del proceso**

1. El plazo previsto por la Ley reguladora de la Jurisdicción Contencioso-Administrativa para interponer el recurso contencioso-administrativo contra un acto presunto es de:

a) Un mes.
b) Dos meses.
c) Seis meses.
d) Ninguno, al ser imposible atacar los actos presuntos en esta vía jurisdiccional.

2. La Jurisdicción Contencioso-Administrativa, en cuanto a la responsabilidad patrimonial de la Administración Pública cuando esta actúe como persona de Derecho privado:

a) Solo actúa subsidiariamente, tras la Jurisdicción Ordinaria.
b) Es plenamente competente.
c) Carece de competencia alguna.
d) Con carácter alternativo, a expensas del propio afectado, intervendrá.

3. El reconocimiento a una persona de la condición de parte en un proceso concreto deriva de su:

a) Capacidad procesal.
b) Legitimación.
c) Postulación.
d) Todo lo anterior.

4. Los actos administrativos que sean reproducción de otros anteriores definitivos y firmes, a efectos del recurso contencioso-administrativo:

a) No son susceptibles del mismo.
b) Son perfectamente impugnables.
c) Solo pueden impugnarse si producen indefensión.
d) Nada de lo expuesto es correcto.

5. El plazo que se concede para alegaciones previas se computa desde el/la:

a) Emplazamiento de las partes.
b) Emplazamiento para contestar a la demanda.
c) Escrito de interposición del recurso.
d) Presentación de la demanda.

6. Contra el Auto desestimatorio de las alegaciones previas, es posible recurso de:

a) Ningún tipo.
b) Revisión.
c) Casación.
d) Súplica.

7. La Sala de lo Contencioso-Administrativo de la Audiencia Nacional conocerá en única instancia:

a) Los actos y disposiciones del Consejo General del Poder Judicial.
b) Los actos y disposiciones del Consejo de Ministros y de las Comisiones Delegadas del Gobierno.
c) De los recursos en relación con los convenios entre Administraciones públicas no atribuidos a los Tribunales Superiores de Justicia.
d) Los recursos de casación y revisión contra las resoluciones dictadas por el Tribunal de Cuentas, con arreglo a lo establecido en su Ley de Funcionamiento.

8. ¿Quién conocerá en primera instancia, de las resoluciones que acuerden la inadmisión de las peticiones de asilo político?

a) La Sala de lo Contencioso-Administrativo del Tribunal Supremo.
b) Los Juzgados Centrales de lo Contencioso-Administrativo.
c) La Sala de lo Contencioso-Administrativo de la Audiencia Nacional.
d) Las Salas de lo Contencioso-Administrativo de los Tribunales Superiores de Justicia.

9. ¿Quién conocerá de los recursos que se deduzcan en relación con los actos y disposiciones de la Junta Electoral Central, así como los recursos contencioso-electorales que se deduzcan contra los acuerdos sobre proclamación de electos en los términos previstos en la legislación electoral?

a) La Sala de lo Contencioso-Administrativo del Tribunal Supremo.
b) Los Juzgados Centrales de lo Contencioso-Administrativo.
c) La Sala de lo Contencioso-Administrativo de la Audiencia Nacional.
d) Las Salas de lo Contencioso-Administrativo de los Tribunales Superiores de Justicia.

10. ¿A quién le corresponde el conocimiento de los recursos de revisión contra las sentencias firmes de los Juzgados de lo Contencioso-Administrativo?

a) A la Sala de lo Contencioso-Administrativo del Tribunal Supremo.
b) A los Juzgados Centrales de lo Contencioso-Administrativo.
c) A la Sala de lo Contencioso-Administrativo de la Audiencia Nacional.
d) A las Salas de lo Contencioso-Administrativo de los Tribunales Superiores de Justicia.

En MADTEST tienes **más preguntas de este tema**, y todos tus avances quedan registrados y se reflejan en el ranking.

¡Supera tus límites con MADTEST!

Solución al test n.º 28

1. c) Seis meses.

2. b) Es plenamente competente.

3. b) Legitimación.

4. a) No son susceptibles del mismo.

5. b) Emplazamiento para contestar a la demanda.

6. a) Ningún tipo.

7. c) De los recursos en relación con los convenios entre Administraciones públicas no atribuidos a los Tribunales Superiores de Justicia.

8. b) Los Juzgados Centrales de lo Contencioso-Administrativo.

9. a) La Sala de lo Contencioso-Administrativo del Tribunal Supremo.

10. d) A las Salas de lo Contencioso-Administrativo de los Tribunales Superiores de Justicia.

TEST N.º 29

Contratación pública (I). Directivas comunitarias en materia de contratación pública. Legislación estatal en materia de contratos del Sector Público. Objeto y ámbito de aplicación subjetivo y objetivo. Normativa aragonesa en materia de contratación pública. Los contratos del sector público. Clases de contratos. Elementos estructurales de los contratos

1. La contratación administrativa en el sector público viene regulada por:

a) La Ley 9/2017, de 8 de noviembre.
b) La Ley 6/2017, de 24 de octubre.
c) La Ley 3/2017, de 27 de junio.
d) La Ley 4/2017, de 25 de septiembre.

2. Están incluidos en el ámbito de la Ley de Contratos del Sector Público:

a) La relación de servicio de los funcionarios públicos y los contratos regulados en la legislación laboral.
b) Las relaciones jurídicas consistentes en la prestación de un servicio público cuya utilización por los usuarios requiera el abono de una tarifa, tasa o precio público de aplicación general.
c) Los contratos relativos a servicios de arbitraje y conciliación.
d) Los contratos onerosos, cualquiera que sea su naturaleza jurídica, que celebren las Mutuas de Accidentes de Trabajo y Enfermedades Profesionales de la Seguridad Social.

3. Los contratos que tienen por objeto la adquisición, el arrendamiento financiero, o el arrendamiento, con o sin opción de compra, de productos o bienes muebles, son:

a) Contratos de servicios.
b) Contratos de suministro.
c) Contratos de obras.
d) Contratos de gestión de servicios públicos.

4. No se consideran contratos de suministros:

a) Aquellos en los que el empresario se obligue a entregar una pluralidad de bienes de forma sucesiva y por precio unitario sin que la cuantía total se defina con exactitud al tiempo de celebrar el contrato, por estar subordinadas las entregas a las necesidades del adquirente.

b) Los que tengan por objeto la adquisición y el arrendamiento de equipos y sistemas de telecomunicaciones o para el tratamiento de la información, sus dispositivos y programas, y la cesión del derecho de uso de estos últimos.

c) Los de adquisición de programas de ordenador desarrollados a medida.

d) Los de fabricación, por los que la cosa o cosas que hayan de ser entregadas por el empresario deban ser elaboradas con arreglo a características peculiares fijadas previamente por la entidad contratante, aun cuando esta se obligue a aportar, total o parcialmente, los materiales precisos.

5. Están sujetos a regulación armonizada los contratos de obras y los contratos de concesión de obras públicas cuyo valor estimado sea igual o superior a:

a) 5.538.000 euros.
b) 6.581.000 euros.
c) 8.615.000 euros.
d) 1.861.000 euros.

6. Están sujetos a regulación armonizada los contratos de suministro adjudicados por la Administración General del Estado, sus organismos autónomos, o las Entidades Gestoras y Servicios Comunes de la Seguridad Social, cuyo valor estimado sea igual o superior a:

a) 5.538.000 euros.
b) 143.000 euros.
c) 221.000 euros.
d) 80.000 euros.

7. De los siguientes, son contratos privados los contratos celebrados por una Administración Pública que tengan por objeto:

a) La suscripción a revistas, publicaciones periódicas y bases de datos.
b) La concesión de servicios públicos.
c) Los contratos de colaboración entre el sector público y el sector privado.
d) La adquisición de suministros.

8. Cuando se trate de contratos de obras, podrán adjudicarse directamente a cualquier empresario con capacidad de obrar contratos menores, es decir, de importe inferior a:

a) 40.000 €.
b) 6.000 €.

c) 100.000 €.
d) 15.000 €.

9. Los contratos menores definidos en el artículo 118 de la Ley de Contratos del Sector Público no podrán tener una duración superior a:

a) Un año.
b) Tres años.
c) Cinco años.
d) Diez años.

10. Cuáles de los siguientes contratos que celebren los poderes adjudicadores se perfeccionan de conformidad con la legislación por la que se rijan:

a) Los contratos basados en un acuerdo marco.
b) Los contratos menores.
c) Los contratos específicos en el marco de un sistema dinámico de adquisición.
d) Los contratos subvencionados sujetos a regulación armonizada.

En MADTEST tienes **más preguntas de este tema**, y todos tus avances quedan registrados y se reflejan en el ranking.

¡Supera tus límites con MADTEST!

Solución al test n.º 29

1. a) La Ley 9/2017, de 8 de noviembre.

2. d) Los contratos onerosos, cualquiera que sea su naturaleza jurídica, que celebren las Mutuas de Accidentes de Trabajo y Enfermedades Profesionales de la Seguridad Social.

3. b) Contratos de suministro.

4. c) Los de adquisición de programas de ordenador desarrollados a medida.

5. a) 5.538.000 euros.

6. b) 143.000 euros.

7. a) La suscripción a revistas, publicaciones periódicas y bases de datos.

8. a) 40.000 €.

9. a) Un año.

10. d) Los contratos subvencionados sujetos a regulación armonizada.

TEST N.º 30

Contratación pública (II). Contratos de las Administraciones Públicas: Preparación de los contratos. Selección del contratista y adjudicación de los contratos. Prerrogativas de la Administración Ejecución y modificación de los contratos. Extinción. La cesión de los contratos y la subcontratación. Técnicas para la racionalización de la contratación. Contratación electrónica

1. Los pliegos de cláusulas administrativas particulares deberán aprobarse:

a) En todo caso, previamente a la autorización del gasto, conjuntamente a la licitación del contrato.

b) Una vez adjudicado el contrato.

c) Conjuntamente con la autorización del gasto y la licitación del contrato.

d) Previamente a la autorización del gasto o conjuntamente con ella, y siempre antes de la licitación del contrato, o de no existir esta, antes de su adjudicación.

2. El artículo 127 de la Ley de Contratos del Sector Público, define como "cualquier documento, certificado o acreditación que confirme que las obras, productos, servicios, procesos o procedimientos de que se trate cumplen determinados requisitos" a:

a) La prescripción técnica.

b) La etiqueta.

c) La clasificación.

d) El expediente de contratación.

3. No se adjudicarán mediante subasta electrónica:

a) Los contratos tramitados por procedimientos abiertos.

b) Los contratos tramitados por procedimientos restringidos.

c) Aquellos contratos en que la adjudicación se base únicamente en los precios.

d) Los contratos cuyo objeto tenga relación con la calidad alimentaria.

4. Señala la opción incorrecta. Podrá establecerse la preferencia en la adjudicación de contratos, en igualdad de condiciones con las que sean económicamente más ventajosas, por:

a) Empresas que tengan en su plantilla un número de trabajadores con discapacidad superior a un porcentaje concreto.
b) Empresas de inserción.
c) Entidades reconocidas como Organizaciones de Comercio Justo.
d) Empresas de implantación nacional.

5. En procedimientos abiertos de adjudicación de contratos sujetos a regulación armonizada, el plazo de presentación de proposiciones no será inferior, para los contratos de obras, suministros y servicios:

a) A 20 días.
b) A 25 días.
c) A 30 días.
d) A 35 días.

6. En los casos de tramitación urgente de los expedientes correspondientes a los contratos cuya celebración responda a una necesidad inaplazable o cuya adjudicación sea preciso acelerar por razones de interés público, una vez formalizados, el plazo de inicio de la ejecución del contrato no podrá ser superior a:

a) 15 días hábiles.
b) 20 días naturales.
c) 1 mes.
d) 2 meses.

7. Cuando la Administración tenga que actuar de manera inmediata a causa de acontecimientos catastróficos, de situaciones que supongan grave peligro o de necesidades que afecten a la defensa nacional:

a) El órgano de contratación, sin obligación de tramitar expediente administrativo, podrá ordenar la ejecución de lo necesario para remediar el acontecimiento producido o satisfacer la necesidad sobrevenida, o contratar libremente su objeto, en todo o en parte, sin sujetarse a los requisitos formales establecidos en la Ley de Contratos del Sector Público, incluso el de la existencia de crédito suficiente.
b) El órgano de contratación, podrá ordenar la ejecución de lo necesario para remediar el acontecimiento producido o satisfacer la necesidad sobrevenida, o contratar libremente su objeto, en todo o en parte, una vez tramite el correspondiente expediente administrativo.
c) El órgano de contratación, sin obligación de tramitar expediente administrativo, ordenará la ejecución de lo necesario para remediar el acontecimiento producido o satisfacer la necesidad sobrevenida, o contratar libremente su objeto, en todo o en parte, con sujeción a los requisitos formales establecidos en la Ley de Contratos del Sector Público.

d) El órgano de contratación, sin obligación de tramitar expediente administrativo, podrá ordenar la ejecución de lo necesario para remediar el acontecimiento producido o satisfacer la necesidad sobrevenida, o contratar libremente su objeto, en todo o en parte, sin sujetarse a los requisitos formales establecidos en la Ley de Contratos del Sector Público, salvo el de la existencia de crédito suficiente.

8. En el caso de contratos tramitados a causa de emergencia, celebrados por la Administración General del Estado, sus Organismos autónomos, entidades gestoras y servicios comunes de la Seguridad Social o demás entidades públicas estatales, se dará cuenta de los acuerdos al Consejo de Ministros en el plazo máximo de:

a) 15 días.
b) 20 días.
c) 30 días.
d) 60 días.

9. Salvo que los pliegos o el contrato establezcan un plazo mayor, el contratista deberá respetar el carácter confidencial de aquella información a la que tenga acceso con ocasión de la ejecución del contrato a la que se le hubiese dado el referido carácter en los pliegos o en el contrato, o que por su propia naturaleza deba ser tratada como tal, durante un plazo desde el conocimiento de esa información de:

a) 3 años.
b) 5 años.
c) 7 años.
d) 10 años.

10. A efectos de la adjudicación del contrato NO podrá celebrarse una subasta electrónica, en casos:

a) De procedimientos abiertos.
b) De procedimientos restringidos.
c) De procedimientos negociados.
d) En que las prestaciones que constituyen su objeto tengan carácter intelectual.

En MADTEST tienes **más preguntas de este tema**, y todos tus avances quedan registrados y se reflejan en el ranking.

¡Supera tus límites con MADTEST!

Solución al test n.º 30

1. d) Previamente a la autorización del gasto o conjuntamente con ella, y siempre antes de la licitación del contrato, o de no existir esta, antes de su adjudicación.

2. b) La etiqueta.

3. d) Los contratos cuyo objeto tenga relación con la calidad alimentaria.

4. d) Empresas de implantación nacional.

5. d) A 35 días.

6. c) 1 mes.

7. a) El órgano de contratación, sin obligación de tramitar expediente administrativo, podrá ordenar la ejecución de lo necesario para remediar el acontecimiento producido o satisfacer la necesidad sobrevenida, o contratar libremente su objeto, en todo o en parte, sin sujetarse a los requisitos formales establecidos en la Ley de Contratos del Sector Público, incluso el de la existencia de crédito suficiente.

8. c) 30 días.

9. b) 5 años.

10. d) En que las prestaciones que constituyen su objeto tengan carácter intelectual.

Responsabilidad patrimonial de las Administraciones Públicas. Responsabilidad del personal y de las autoridades al servicio de la Administración Pública

1. ¿Qué artículo de la Carta Magna dispone que «nadie podrá ser privado de sus bienes y derechos sino por causa justificada de utilidad pública o interés social, mediante la correspondiente indemnización y de conformidad con lo dispuesto por las Leyes»?

a) El artículo 19.3.
b) El artículo 30.1.
c) El artículo 33.3.
d) El artículo 47.1.

2. ¿A quién corresponde fijar el importe de las indemnizaciones que proceda abonar cuando el Tribunal Constitucional haya declarado, a instancia de parte interesada, la existencia de un funcionamiento anormal en la tramitación de los recursos de amparo o de las cuestiones de inconstitucionalidad?

a) Al Presidente del Gobierno.
b) Al Consejo de Estado.
c) Al Consejo de Ministros.
d) A la persona titular del Ministerio de Hacienda y Función Pública.

3. En el procedimiento para la exigencia de la responsabilidad patrimonial de las autoridades y personal al servicio de las Administraciones Públicas se establecerá un plazo para la práctica de las pruebas admitidas y cualesquiera otras que el órgano competente estime oportunas, de:

a) Siete días.
b) Diez días.
c) Quince días.
d) Veinte días.

4. Señala la respuesta incorrecta:

a) Solo serán indemnizables las lesiones producidas al particular provenientes de daños que este no tenga el deber jurídico de soportar de acuerdo con la Ley.

b) La exigencia de responsabilidad penal del personal al servicio de las Administraciones Públicas no suspenderá los procedimientos de reconocimiento de responsabilidad patrimonial que se instruyan, salvo que la determinación de los hechos en el orden jurisdiccional penal sea necesaria para la fijación de la responsabilidad patrimonial.

c) No son indemnizables los daños que se deriven de hechos o circunstancias que no se hubiesen podido prever o evitar según el estado de los conocimientos de la ciencia o de la técnica existentes en el momento de producción de aquellos, sin perjuicio de las prestaciones asistenciales o económicas que las leyes puedan establecer para estos casos.

d) El artículo 24.1 LPACAP señala que el silencio tendrá efecto estimatorio en los procedimientos de responsabilidad patrimonial de las Administraciones Públicas.

5. A tenor del artículo 67 LPACAP, los interesados solo podrán solicitar el inicio de un procedimiento de responsabilidad patrimonial, cuando no haya prescrito su derecho a reclamar. ¿Cuándo prescribirá el derecho a reclamar?

a) Al mes de producido el hecho o el acto que motive la indemnización o se manifieste su efecto lesivo.

b) A los tres meses de producido el hecho o el acto que motive la indemnización o se manifieste su efecto lesivo.

c) Al año de producido el hecho o el acto que motive la indemnización o se manifieste su efecto lesivo.

d) A los dos años de producido el hecho o el acto que motive la indemnización o se manifieste su efecto lesivo.

6. ¿Cuándo empezará a computarse el plazo de prescripción del derecho a reclamar en caso de daños de carácter físico o psíquico a las personas?

a) Desde la curación o la determinación del alcance de las secuelas.

b) Desde el día siguiente a la curación o la determinación del alcance de las secuelas.

c) Desde el día en que se produjeron los daños físicos o psíquicos.

d) Al mes de la curación o la determinación del alcance de las secuelas.

7. Según dispone expresamente el artículo 81 LPACAP (sobre los informes y dictámenes en los procedimientos de responsabilidad patrimonial), en el caso de los procedimientos de responsabilidad patrimonial será preceptivo solicitar informe al servicio cuyo funcionamiento haya ocasionado la presunta lesión indemnizable, no pudiendo exceder el plazo de su emisión de:

a) Un mes.

b) Veinte días.

c) Quince días.

d) Diez días.

8. Será preceptivo solicitar dictamen del Consejo de Estado o, en su caso, del órgano consultivo de la Comunidad Autónoma, cuando las indemnizaciones reclamadas sean de cuantía igual o superior a:

a) 12.000 euros o a la que se establezca en la correspondiente legislación autonómica.
b) 30.000 euros o a la que se establezca en la correspondiente legislación autonómica.
c) 35.000 euros o a la que se establezca en la correspondiente legislación autonómica.
d) 50.000 euros o a la que se establezca en la correspondiente legislación autonómica.

9. En el caso de reclamaciones en materia de responsabilidad patrimonial del Estado por el funcionamiento anormal de la Administración de Justicia, será preceptivo el informe de:

a) El Consejo de Ministros.
b) El Consejo General del Poder Judicial.
c) El Ministerio de Hacienda y Función Pública.
d) El Ministerio de Justicia.

10. Respecto a la pregunta anterior, ¿en qué plazo máximo habrá de ser emitido dicho informe por el órgano establecido al efecto?

a) Veinte días.
b) Un mes.
c) Dos meses.
d) Tres meses.

En MADTEST tienes **más preguntas de este tema**, y todos tus avances quedan registrados y se reflejan en el ranking.

¡Supera tus límites con MADTEST!

Solución al test n.º 31

1. c) El artículo 33.3.

2. c) Al Consejo de Ministros.

3. c) Quince días.

4. d) El artículo 24.1 LPACAP señala que el silencio tendrá efecto estimatorio en los procedimientos de responsabilidad patrimonial de las Administraciones Públicas.

5. c) Al año de producido el hecho o el acto que motive la indemnización o se manifieste su efecto lesivo.

6. a) Desde la curación o la determinación del alcance de las secuelas.

7. d) Diez días.

8. d) 50.000 euros o a la que se establezca en la correspondiente legislación autonómica.

9. b) El Consejo General del Poder Judicial.

10. c) Dos meses.

TEST N.º 32

El Presupuesto: concepto y clases. Ciclo presupuestario. Presupuesto por programas: concepto y objetivos. Programación, presupuestación y control. El presupuesto en base 0

1. Podemos clasificar los Presupuestos:

a) Por Funciones.
b) Por Sistemas.
c) En Base Cero.
d) Las opciones a) y c) son correctas.

2. El Presupuesto por Objetivos trata de determinar:

a) Los objetivos de la organización y los servicios que esta presta para justificar su existencia.
b) Los programas y actividades que la organización utiliza para conseguir sus objetivos.
c) El volumen de trabajo que se necesita para cada una de las actividades.
d) Todas las respuestas anteriores son correctas.

3. Señala la afirmación correcta, relacionada con el Presupuesto por Objetivos:

a) Las funciones públicas constituyen la más amplia agrupación de las operaciones realizadas por la Administración Pública.
b) Las funciones son, en realidad, los programas que se pretenden conseguir dentro de un gobierno a partir del programa político del mismo.
c) Los programas son las partes de que consta cada una de las tareas.
d) Las tareas o actividades son las acciones uniformes que forman parte de la realización de una función.

4. La instauración y puesta en práctica de un presupuesto de ejecución requiere el desarrollo de:

a) El órgano encargado de la elaboración del presupuesto y los gestores del gasto deben identificar las funciones que sean significativas para ser desarrollados y que derivan del propio programa de gobierno.

b) Los programas de trabajo definidos han de examinarse en relación con la estructura organizativa existente, siendo esta la que debe supeditarse a aquellos y no al contrario, asignando un responsable para cada objetivo o grupo de objetivos y evitando al máximo las denominadas "funciones compartidas".

c) Identificación de las tareas dentro de cada programa.

d) Intento de medición total de los costes de ejecución de los objetivos marcados en los programas.

5. El Presupuesto de Resultados se formuló por primera vez en:

a) Reino Unido.
b) Francia.
c) Estados Unidos.
d) Canadá.

6. Y fue en el año:

a) 1949.
b) 1954.
c) 1965.
d) 1971.

7. Señala cuál de las siguientes opciones se asocia mejor al Presupuesto de Resultados:

a) Se ahorra para gastar.

b) En este presupuesto se responde a la pregunta sobre qué se compra con el presupuesto.

c) El énfasis se pone en el cumplimiento de normas y en el seguimiento de procesos estandarizados.

d) En el presupuesto orientado a resultados es fundamental la evaluación de los resultados para profundizar en todas las fases de la cadena de producción de bienes y servicios y para poder determinar el impacto de la acción pública desde un punto de vista integral.

8. Dentro del proceso hacia la presupuestación orientada a resultados se pueden distinguir estas cuestiones:

a) Seguimiento, evaluación y presentación de resultados.
b) Uso de la información sobre resultados y cambio de cultura.

c) Vinculación con la estrategia.
d) Todas las respuestas anteriores son correctas.

9. Son razones por las que es necesario medir los resultados de la acción pública en este tipo de presupuestos:

a) Si no se miden los resultados, no se puede distinguir el éxito del fracaso
b) Si no se puede recompensar el éxito, probablemente se estará recompensando el fracaso.
c) Si no se pueden demostrar los resultados, no se puede ganar el apoyo del ciudadano.
d) Todas las respuestas anteriores son correctas.

10. Los Órganos Constitucionales, los Departamentos Ministeriales y demás órganos con dotaciones diferenciadas en los PGE remitirán al Ministerio de Hacienda:

a) Los estados de gastos y los ingresos aprobados por el Gobierno antes del 1 de mayo.
b) Las previsiones de ingresos y gastos de cada unidad.
c) Los estados de gastos, antes del 1 de mayo.
d) Ninguna de las respuestas es correcta.

En MADTEST tienes **más preguntas de este tema**, y todos tus avances quedan registrados y se reflejan en el ranking.

¡Supera tus límites con MADTEST!

Solución al test n.º 32

1. d) Las opciones a) y c) son correctas.

2. d) Todas las respuestas anteriores son correctas.

3. a) Las funciones públicas constituyen la más amplia agrupación de las operaciones realizadas por la Administración Pública.

4. d) Intento de medición total de los costes de ejecución de los objetivos marcados en los programas.

5. c) Estados Unidos.

6. a) 1949.

7. d) En el presupuesto orientado a resultados es fundamental la evaluación de los resultados para profundizar en todas las fases de la cadena de producción de bienes y servicios y para poder determinar el impacto de la acción pública desde un punto de vista integral.

8. d) Todas las respuestas anteriores son correctas.

9. d) Todas las respuestas anteriores son correctas.

10. d) Ninguna de las respuestas es correcta.

Financiación del Sistema Sanitario de la Comunidad Autónoma de Aragón. Regulación Jurídica

1. La Ley 22/2009, de 18 de diciembre, por la que se regula el sistema de financiación de las Comunidades Autónomas de régimen común y Ciudades con Estatuto de Autonomía establece que los siguientes recursos tributarios forman parte de la capacidad tributaria de la Comunidad Autónoma:

a) Los tributos cedidos, la transferencia del Fondo de Garantía de Servicios Públicos Fundamentales y el Fondo de Suficiencia Global.

b) El 58 % de la recaudación líquida del impuesto de Sociedades, el 100 % de la recaudación líquida del IVA y el 100 % de la recaudación líquida por el Impuesto de la Electricidad, entre otros tributos.

c) El 58 % de la recaudación líquida del Impuesto sobre los depósitos bancarios, el 100 % de la recaudación líquida del Impuesto sobre Hidrocarburos y el 58 % de la recaudación líquida del Impuesto sobre Bienes Inmuebles, entre otros tributos.

d) El 50 % de la recaudación líquida por IVA, la recaudación del Impuesto sobre Transmisiones Patrimoniales y Actos Jurídicos Documentados y la recaudación del Impuesto sobre Sucesiones y Donaciones, entre otros tributos.

2. Los tributos propios de la Comunidad Autónoma de Aragón son:

a) El Impuesto sobre Contaminación de las Aguas, el Impuesto sobre el daño medioambiental causado por la emisión de gases contaminantes a la atmósfera y el Impuesto sobre el daño medioambiental causado por las grandes áreas de venta.

b) El Impuesto sobre las viviendas vacías, el Impuesto sobre las estancias en establecimientos turísticos y Impuesto sobre las bolsas de plástico de un solo uso.

c) El Impuesto sobre la instalación de máquinas en establecimientos de hostelería autorizados, el Impuesto sobre Vertidos a las aguas litorales y el Recargo sobre las cuotas mínimas del Impuesto sobre Actividades Económicas.

d) El Impuesto sobre aprovechamientos cinegéticos, el Impuesto sobre almacenamiento o depósito de residuos y el Impuesto sobre Tierras Infrautilizadas.

3. En relación con el Fondo de Garantía de Servicios Públicos Fundamentales, ¿cuál de las siguientes afirmaciones es verdadera?

a) Es un fondo constituido por el 60 % de la capacidad tributaria de las Comunidades Autónomas y el 40 % de la aportación del Estado.

b) Su objetivo es asegurar que cada Comunidad Autónoma recibe los mismos recursos por habitante ajustado para financiar los servicios públicos fundamentales esenciales del Estado de Bienestar

c) Se reparte en función de dos variables: población y superficie.

d) Es un fondo que se reparte en función de múltiples variables siendo la de más peso la superficie territorial en kilómetros cuadrados de la Comunidad Autónoma.

4. La Transferencia del Fondo de Garantía de Servicios Públicos Fundamentales se reparte en función de las siguientes variables:

a) La población, la superficie, la dispersión y la renta per cápita de la Comunidad Autónoma.

b) La población, la superficie, la dispersión, la insularidad y el déficit público de la Comunidad Autónoma.

c) La población, la superficie, la dispersión, la insularidad, la población protegida equivalente distribuida en siete grupos de edad, la población mayor de 65 años y la población entre 0 y 16 años de la Comunidad Autónoma.

d) La población, la superficie, la dispersión, la insularidad y la población enferma y discapacidad de la Comunidad Autónoma.

5. El sistema de financiación autonómica de las Comunidades de Régimen Común se articula mediante anticipos o entregas a cuenta que son seguidos de la liquidación definitiva. Están sujetos a entregas a cuenta los siguientes recursos:

a) Los tributos cedidos, los fondos de Convergencia y el Fondo de Compensación Interterritorial.

b) El Fondo de Suficiencia Global y el fondo de Garantía de Servicios Públicos Fundamentales.

c) Los tributos propios de la Comunidad Autónoma, el Fondo de Suficiencia Global y el Fondo de Garantía de Servicios Públicos Fundamentales.

d) La tarifa autonómica del IRPF, el porcentaje cedido de IVA e Impuestos Especiales de Fabricación, la transferencia del Fondo de Garantía de Servicios Públicos Fundamentales y el Fondo de Suficiencia Global.

6. Los Fondos de Convergencia Autonómica son fondos creados con recursos adicionales del Estado para financiar las Comunidades Autónomas. Por favor indique cuál de las siguientes afirmaciones es cierta:

a) Los Fondos de Convergencia son dos: el Fondo de Competitividad y el Fondo de Cooperación.

b) El Fondo de Competitividad pretende reducir las diferencias en financiación homogénea per cápita.

c) El Fondo de Cooperación pretende equilibrar las diferencias de renta entre las Comunidades Autónomas.

d) Todas las afirmaciones anteriores son correctas.

7. El Fondo de Cohesión Sanitaria financia a partir del año 2021 el importe de determinadas asistencias sanitarias:

a) Asistencias prestadas a pacientes pertenecientes a la Mutualidad General de Funcionarios Civiles del Estado, Mutualidad General Judicial e Instituto de las Fuerzas Armadas, entre otras.

b) Pacientes residentes en España derivados entre Comunidades Autónomas.

c) Pacientes residentes en España derivados entre Comunidades Autónomas para su atención en centros, servicios y unidades de referencia del Sistema Nacional de Salud, entre otras.

d) Pacientes recluidos en centros penitenciarios.

8. En determinados casos debe reclamarse a terceros el coste de la asistencia sanitaria. ¿Puede indicar en que supuestos debe reclamarse a terceros el coste de la asistencia sanitaria?

a) Atención en caso de accidentes de trabajo o enfermedades profesionales a cargo de las Mutuas de Accidentes de Trabajo, del Instituto Nacional de la Seguridad Social o del Instituto Social de la Marina, entre otros supuestos.

b) Atención en caso de accidentes de tráfico, entre otros supuestos.

c) Atención en caso de accidentes de deportistas federados, entre otros supuestos.

d) Todas las anteriores son correctas.

9. ¿En qué norma se establece la obligación de reclamar el importe de la asistencia sanitaria al tercero obligado al pago?

a) Ley 14/1986, de 25 de abril, General de Sanidad en su artículo 83.

b) Real Decreto-Ley 16/2012, de 20 de abril, de medidas urgentes para garantizar la sostenibilidad del Sistema Nacional de Salud, en su artículo 4.

c) Ley 22/2009, de 18 de diciembre, por la que se regula el sistema de financiación de las Comunidades Autónomas de régimen común y Ciudades con Estatuto de Autonomía, en su artículo 25.

d) Decreto Legislativo 1/2000, de 29 de junio, por el que se aprueba el Texto Refundido de la Ley de Hacienda de la Comunidad Autónoma de Aragón en su artículo 32.

10. ¿En qué líneas asistenciales se organiza la Cartera de servicios del Sistema de Salud de Aragón tal y como se establece en el Decreto 65/2007, de 8 de mayo, del Gobierno de Aragón, por el que se aprueba la cartera de servicios sanitarios del Sistema de Salud de Aragón?

a) Atención Primaria, Atención Especializada, Atención a la Urgencia y Salud Pública.

b) Atención Primaria, Atención Especializada, Atención a Enfermos Crónicos Dependientes, Atención a la Salud Mental, Atención a la Urgencia y la Emergencia, Salud Pública y Prestaciones Farmacéuticas, Ortoprotésicas, de Productos Dietéticos y de Transporte Sanitario.

c) Atención Primaria, Atención Especializada, Atención Quirúrgica, Atención a la Urgencia y Atención Paliativa.

d) Atención Primaria, Atención Especializada, Atención a la Urgencia y los Cuidados Intensivos, Atención a la Discapacidad.

En MADTEST tienes **más preguntas de este tema**, y todos tus avances quedan registrados y se reflejan en el ranking.

¡Supera tus límites con MADTEST!

Solución al test n.º 33

1. d) El 50 % de la recaudación líquida por IVA, la recaudación del Impuesto sobre Transmisiones Patrimoniales y Actos Jurídicos Documentados y la recaudación del Impuesto sobre Sucesiones y Donaciones, entre otros tributos.

2. a) El Impuesto sobre Contaminación de las Aguas, el Impuesto sobre el daño medioambiental causado por la emisión de gases contaminantes a la atmósfera y el Impuesto sobre el daño medioambiental causado por las grandes áreas de venta.

3. b) Su objetivo es asegurar que cada Comunidad Autónoma recibe los mismos recursos por habitante ajustado para financiar los servicios públicos fundamentales esenciales del Estado de Bienestar

4. c) La población, la superficie, la dispersión, la insularidad, la población protegida equivalente distribuida en siete grupos de edad, la población mayor de 65 años y la población entre 0 y 16 años de la Comunidad Autónoma.

5. d) La tarifa autonómica del IRPF, el porcentaje cedido de IVA e Impuestos Especiales de Fabricación, la transferencia del Fondo de Garantía de Servicios Públicos Fundamentales y el Fondo de Suficiencia Global.

6. d) Todas las afirmaciones anteriores son correctas.

7. b) Pacientes residentes en España derivados entre Comunidades Autónomas.

8. d) Todas las anteriores son correctas.

9. a) Ley 14/1986, de 25 de abril, General de Sanidad en su artículo 83.

10. b) Atención Primaria, Atención Especializada, Atención a Enfermos Crónicos Dependientes, Atención a la Salud Mental, Atención a la Urgencia y la Emergencia, Salud Pública y Prestaciones Farmacéuticas, Ortoprotésicas, de Productos Dietéticos y de Transporte Sanitario.

El Presupuesto de la Comunidad Autónoma de Aragón. Estructura, elaboración, contenido y aprobación del Presupuesto. El ciclo presupuestario

1. Se define el Presupuesto:

a) Como la expresión cifrada, conjunta y sistemática de las obligaciones que, como máximo se podrán reconocer y de los derechos que se prevean liquidar por parte de la misma y de sus entidades y organismos.

b) Es un acto ejecutivo en el que se engloba la previsión de los gastos y el montante de ingresos para un período de tiempo limitado.

c) Los Presupuestos se aprueban por Decreto acordado por el Consejo de Ministros, a propuesta del Ministerio de Economía y Hacienda.

d) Los Presupuestos de Aragón se aprueban con carácter semestral.

2. Señala cuál de estas afirmaciones no es correcta:

a) Según el artículo 111.1 del Estatuto de Autonomía, corresponde al Gobierno de Aragón la elaboración y ejecución del presupuesto.

b) Corresponde a las Cortes el examen, enmienda, aprobación y control del presupuesto.

c) Los Presupuestos son un cálculo de los ingresos públicos.

d) Corresponde a la Diputación General la elaboración y ejecución del Presupuesto.

3. ¿Qué artículo regula el concepto de "Presupuesto" en la Comunidad Autónoma de Aragón?

a) 32 del Decreto Legislativo 1/00, de 29 de junio.

b) 45 del Decreto Legislativo 3/23, de 17 de mayo.

c) 30 del Decreto Legislativo 3/23, de 17 de mayo.

d) 29 del Decreto Legislativo 3/23, de 17 de mayo.

4. El Presupuesto de la Comunidad Autónoma es:

a) La expresión cifrada y sistemática de los derechos que se prevean liquidar.
b) La expresión cifrada, conjunta y sistemática de las obligaciones que se prevean liquidar.
c) La estimación tanto de gastos como de ingresos del ejercicio.
d) Todas las respuestas son correctas.

5. De acuerdo con el artículo 37 DLHCA:

a) La Ley de Presupuestos de la Comunidad Autónoma deberá presentarse antes del último trimestre del ejercicio anterior a las Cortes.
b) El Proyecto de Presupuesto deberá presentarse a las Cortes para su examen, enmienda y, en su caso, aprobación.
c) Las opciones a) y b) son correctas, y además el Presupuesto deberá ir acompañado de la documentación complementaria.
d) Todas las respuestas son correctas.

6. El principio de anualidad de los Presupuestos:

a) Quiere decir que el Presupuesto tendrán una duración mensual.
b) El ejercicio coincidirá con el año natural.
c) imputarán los derechos liquidados durante el mismo.
d) Las opciones b) y c) son correctas, y también se imputarán las obligaciones reconocidas hasta fin del uso de diciembre en determinados gastos.

7. El contenido del Presupuesto de la Comunidad Autónoma de Aragón:

a) Se recoge en la LGP.
b) En los artículos 32 y 35 del DLHCA.
c) En el artículo 33 del DLHCA.
d) En el artículo 31 del DLHCA.

8. Dentro de los Presupuestos de Aragón se incluirán:

a) Los estados de gastos e ingresos, sin más.
b) Los estados de gastos, con la estimación de los derechos económicos a reconocer y liquidar.
c) Los estados de ingresos con la especificación de los créditos.
d) Los estados de recursos y dotaciones con las correspondientes estimaciones de cobertura financiera y evaluación de necesidades para el ejercicio.

9. La estructura del Presupuesto de la Comunidad Autónoma de Aragón se recoge en el artículo:

a) 35 LGP.
b) 35 L.O. de la Hacienda de la Comunidad Autónoma de Aragón.

c) 34 DLHCA
d) 32 DLHCA.

10. Los estados de gastos:

a) Tendrán una clasificación orgánica, económica y por sistemas.
b) Tienen la misma clasificación que el estado de ingresos.
c) La clasificación orgánica se desagregará en programas.
d) Todas las respuestas son incorrectas.

En MADTEST tienes **más preguntas de este tema**, y todos tus avances quedan registrados y se reflejan en el ranking.

¡Supera tus límites con MADTEST!

Solución al test n.º 34

1. a) Como la expresión cifrada, conjunta y sistemática de las obligaciones que, como máximo se podrán reconocer y de los derechos que se prevean liquidar por parte de la misma y de sus entidades y organismos.

2. a) Según el artículo 111.1 del Estatuto de Autonomía, corresponde al Gobierno de Aragón la elaboración y ejecución del presupuesto.

3. d) 29 del Decreto Legislativo 3/23, de 17 de mayo.

4. a) La expresión cifrada y sistemática de los derechos que se prevean liquidar.

5. b) El Proyecto de Presupuesto deberá presentarse a las Cortes para su examen, enmienda y, en su caso, aprobación.

6. d) Las opciones b) y c) son correctas, y también se imputarán las obligaciones reconocidas hasta fin del uso de diciembre en determinados gastos.

7. d) En el artículo 31 del DLHCA.

8. d) Los estados de recursos y dotaciones con las correspondientes estimaciones de cobertura financiera y evaluación de necesidades para el ejercicio.

9. d) 32 DLHCA.

10. d) Todas las respuestas son incorrectas.

TEST N.º 35

Los créditos presupuestarios. Modificaciones de créditos iniciales. Gastos plurianuales. Anulación de remanentes. Incorporación de créditos. Créditos extraordinarios y suplementos de créditos. Anticipos de Tesorería. Créditos ampliables. Transferencias de créditos. Ingresos que generan crédito

1. Los créditos presupuestarios están sujetos a la limitación:

a) Cuantitativa.
b) Cualitativa.
c) Temporal.
d) Todas las respuestas son correctas.

2. Los créditos para gasto no afectados al cumplimiento de obligaciones ya reconocidas:

a) Se anulan de pleno derecho si no están afectados el último día del ejercicio.
b) Es un principio que no tiene excepción alguna.
c) Se pueden incorporar cuando se trate de créditos destinados a inversiones reales.
d) Se pueden incorporar si se trata de créditos destinados a inversiones financieras.

3. ¿Qué artículo regula la incorporación de créditos?

a) El artículo 43 del Decreto Legislativo 3/2023.
b) El artículo 42 del Decreto Legislativo 3/2023.
c) El artículo 45 del Decreto Legislativo 3/2023.
d) El artículo 41 del Decreto Legislativo 3/2023.

4. Son incorporables:

a) Los créditos extraordinarios y suplementos de crédito concedidos en el último trimestre del ejercicio presupuestario.
b) Los créditos para operaciones de capital.
c) Créditos que amparen autorizaciones de gastos contraídas antes del último mes del ejercicio presupuestario y disposiciones de gastos contraídas antes del último día del ejercicio presupuestario.
d) Todas las respuestas son correctas.

5. Son requisitos de los créditos extraordinarios y suplementos de crédito:

a) Que el gasto no se demore hasta el ejercicio siguiente.
b) Que no existe crédito o es insuficiente o no ampliable.
c) El Consejo de Gobierno remite a las Cortes un informe sobre la modificación ya aprobada.
d) Que no supere el 12 % de los créditos iniciales del presupuesto de gastos.

6. Indicar cuál de estas afirmaciones es correcta, en relación a los anticipos de tesorería:

a) Se conceden por acuerdo del titular de la Consejería de Hacienda y Administración Pública.
b) No pueden superar el 1 % de los créditos reconocidos por la Ley de Presupuestos.
c) No pueden superar el 8 % de los créditos comprometidos por la Ley de Presupuestos.
d) No pueden superar el 30 % del límite de gasto no financiero del propio ejercicio.

7. Son órganos competentes para autorizar la ampliación de créditos:

a) El Consejo de Gobierno.
b) A cada Consejero.
c) A la persona titular de la Consejería de Hacienda y Administración Pública.
d) Todas las respuestas son correctas.

8. Son ampliables:

a) Los créditos destinados a atender las obligaciones derivadas de la prestación del servicio de asistencia jurídica gratuita.
b) Los créditos destinados a la convocatoria de ayudas para sufragar los gastos de comedor y los gastos derivados de la adquisición de material curricular.
c) Los destinados al pago de las obligaciones derivadas de insolvencias por operaciones avaladas por el Gobierno de Aragón.
d) Todas las respuestas son correctas.

9. Señala cuál de estas afirmaciones no es correcta:

a) Las transferencias de crédito no afectarán a créditos ampliables, ni extraordinarios concedidos durante el ejercicio.
b) Son órganos competentes para las transferencias de créditos el Consejo de Gobierno, la persona titular de la Consejería de Hacienda y las demás personas titulares de otras Consejerías.
c) Se pueden hacer transferencias de crédito a operaciones de capital cuando sea para la entrada en funcionamiento de nuevas inversiones.
d) No podrán aumentar los créditos que, como consecuencia de otras transferencias, hayan sido objeto de incremento, salvo cuando afecte a créditos de personal.

10. Las modificaciones presupuestarias quedan básicamente reguladas en:

a) El Decreto legislativo 3/2023.
b) La Ley de Presupuestos.
c) La LGT.
d) Las opciones a) y b) son correctas.

En MADTEST tienes **más preguntas de este tema**, y todos tus avances quedan registrados y se reflejan en el ranking.

¡Supera tus límites con MADTEST!

Solución al test n.º 35

1. d) Todas las respuestas son correctas.

2. a) Se anulan de pleno derecho si no están afectados el último día del ejercicio.

3. d) El artículo 44 del Decreto Legislativo 1/2000.

4. d) Todas las respuestas son correctas.

5. b) Que no existe crédito o es insuficiente o no ampliable.

6. d) No pueden superar el 30 % del límite de gasto no financiero del propio ejercicio.

7. c) A la persona titular de la Consejería de Hacienda y Administración Pública.

8. d) Todas las respuestas son correctas.

9. b) Son órganos competentes para las transferencias de créditos el Consejo de Gobierno, la persona titular de la Consejería de Hacienda y las demás personas titulares de otras Consejerías.

10. d) Las opciones a) y b) son correctas.

Contabilidad pública: concepto. Contabilidad preventiva, ejecutiva y crítica. Ingresos presupuestos, créditos presupuestos y remanentes de crédito. Devoluciones y minoraciones de ingresos. Reconocimiento y liquidación de derechos

1. ¿En qué categoría de fines que ha de perseguir la contabilidad pública clasifica la IGAE la determinación del coste y rendimiento de los servicios públicos?

a) Fines de gestión.
b) Fines de control.
c) Fines de análisis.
d) Fines de divulgación.

2. ¿Cuál de los fines que, según la IGAE debe perseguir la contabilidad pública, pertenece a los fines de análisis y divulgación?

a) Suministrar información para la toma de decisiones tanto en el ámbito político como en el de gestión.
b) Mostrar la situación patrimonial, entendida esta con una visión totalizadora, posibilitando el inventario del inmovilizado y la obtención del Balance Integral.
c) Suministrar información para la elaboración de las cuentas económicas del sector público y las nacionales de España.
d) Suministrar los datos relativos a la gestión efectuada en su aspecto financiero.

3. La norma por la que se aprueban los principios y normas contables del Plan General de Contabilidad Pública de la CA de Aragón es:

a) El Decreto 47/2003.
b) La Orden de 30 de noviembre de 1994.
c) La Orden HAP/535/2018, de 14 de marzo.
d) La Orden EHA/1037/2010, de 13 de abril.

4. Según la norma contable en Aragón, el Plan General de Contabilidad Pública tiene como objetivo básico:

a) El principio de prudencia.
b) El principio de devengo.
c) El principio de transparencia.
d) La imagen fiel.

5. De acuerdo con lo previsto en el artículo 120 de la Ley General Presupuestaria, la contabilidad del sector público estatal debe permitir el cumplimiento de:

a) Proporcionar información para el ejercicio de los controles de legalidad, financiero, de economía, eficiencia y eficacia.
b) Suministrar información para posibilitar el análisis de los efectos económicos y financieros de la actividad de los entes públicos.
c) Suministrar información económica y financiera útil para la toma de decisiones.
d) Todas las respuestas anteriores son correctas.

6. Según la IGAE, es un fin de gestión de la contabilidad:

a) Suministrar información útil para otros destinatarios.
b) Posibilitar el ejercicio de los controles de legalidad y financiero.
c) Determinar el coste y rendimiento de los servicios públicos.
d) Todas las respuestas anteriores son correctas.

7. Según la IGAE, es un fin de control de la contabilidad:

a) Posibilitar el control de economía.
b) Suministrar información para la elaboración de las cuentas económicas del sector público y las nacionales de España.
c) Determinar el coste y rendimiento de los servicios públicos.
d) Mostrar la situación patrimonial.

8. Según la IGAE, es un fin de divulgación de la contabilidad:

a) Determinar el coste y rendimiento de los servicios públicos.
b) Suministrar información útil para otros destinatarios.
c) Permitir la rendición de todo tipo de cuentas, estados y documentos que hayan de elaborarse y remitirse al Tribunal de Cuentas y demás órganos de control.
d) Mostrar los aspectos económicos de la gestión.

9. El Sistema de Información Económico-Financiera de Aragón se denomina:

a) ANETO.
b) SERPA.
c) GOYA.
d) ARAN.

10. Compete al Departamento competente en materia de Hacienda:

a) Rendir la información económica y financiera que sea necesaria para la toma de decisiones.

b) Aprobar los planes parciales o especiales de contabilidad pública que se elaboren conforme al Plan General.

c) Dirigir las auditorías que hayan de efectuarse por indicación del Gobierno de Aragón.

d) Formar la Cuenta de gestión de tributos cedidos.

En MADTEST tienes **más preguntas de este tema**, y todos tus avances quedan registrados y se reflejan en el ranking.

¡Supera tus límites con MADTEST!

Solución al test n.º 36

1. a) Fines de gestión.

2. c) Suministrar información para la elaboración de las cuentas económicas del sector público y las nacionales de España.

3. c) La Orden HAP/535/2018, de 14 de marzo.

4. d) La imagen fiel.

5. d) Todas las respuestas anteriores son correctas.

6. c) Determinar el coste y rendimiento de los servicios públicos.

7. a) Posibilitar el control de economía.

8. b) Suministrar información útil para otros destinatarios

9. b) SERPA.

10. a) Rendir la información económica y financiera que sea necesaria para la toma de decisiones.

TEST N.º 37

Ideas generales de los estados contables. La Cuenta General del Estado. Plan General de Contabilidad Pública

1. La Norma Internacional de Contabilidad del Sector Público NICSP 1 "Presentación de los estados financieros" establece que la finalidad principal de los estados financieros es:

a) Suministrar información útil para la toma de decisiones y constituir un medio para la rendición de cuentas de la entidad por los recursos que le han sido confiados.

b) Suministrar información a los empleados que les permita adoptar la mejor posición en la negociación colectiva, en la discusión de su remuneración, los ascensos y clasificaciones.

c) Suministrar información acerca del entorno general y específico de la entidad incluyendo factores económicos, socioculturales, político legales, tecnológicos y ambientales.

d) Suministrar información acerca del mercado en el que se desenvuelve la entidad y su competencia.

2. La Orden EHA/1037/2010, de 13 de abril por la que se aprueba el Plan General de Contabilidad Pública indica que las cuentas anuales comprenden:

a) El Balance, la Cuenta de Pérdidas y Ganancias y la Memoria.

b) El Balance, la Cuenta del Resultado Económico Patrimonial, el Estado de Cambios en el Patrimonio Neto, el Estado de Flujos de Efectivo, el Estado de Liquidación del Presupuesto y la Memoria.

c) El Balance, la Cuenta del Resultado Económico Patrimonial, la Memoria y el Informe de Gestión que debe incluir con suficiente desglose los Indicadores financieros, patrimoniales y presupuestarios de la entidad.

d) El Balance, la Cuenta del Resultado Económico Patrimonial, el Estado de Cambios en el Patrimonio Neto, el Estado de Liquidación del Presupuesto y la Memoria.

3. El Balance comprende con la debida separación los activos, pasivos y el patrimonio neto de la empresa. ¿Cuál de las siguientes afirmaciones es correcta?

a) El patrimonio neto incluye las aportaciones realizadas en el momento de la constitución de la entidad o en un momento posterior por los bancos y otras entidades de crédito.

b) El pasivo incluye todos aquellos bienes y derechos de la entidad que no tienen potencial de servicio y no son capaces de generar rendimientos comerciales para la organización.

c) La suma de los activos y el patrimonio neto de una entidad equivalen a su pasivo.

d) El activo incluye todos los bienes, derechos y otros recursos controlados económicamente por la entidad, resultantes de sucesos pasados, de los que es probable que la entidad obtenga en el futuro rendimientos económicos o un potencial de servicio.

4. Los activos y pasivos se presentan desagregados entre Corrientes y No Corrientes atendiendo a las siguientes reglas:

a) Un activo debe clasificarse como activo corriente cuando se espere realizar en el largo plazo, es decir dentro del período de quince meses contados a partir de la fecha de las cuentas anuales.

b) El dinero en efectivo o cualquier otro medio líquido equivalente debe clasificarse como activo corriente.

c) Un pasivo debe clasificarse como pasivo no corriente cuando deba liquidarse en el plazo de seis meses contados a partir de la fecha de las cuentas anuales.

d) Las aportaciones realizadas por las entidades propietarias y los resultados acumulados de ejercicios anteriores deben clasificarse como pasivos no corrientes.

5. ¿Cuál de las siguientes afirmaciones es correcta respecto a la Cuenta del Resultado Económico Patrimonial?

a) Los aprovisionamientos y las transferencias y subvenciones concedidas son dos partidas de Gastos de Gestión Ordinaria.

b) Los gastos y los ingresos aparecen reflejados en dos niveles: resultado presupuestario y extrapresupuestario.

c) Los gastos y los ingresos aparecen reflejados según su destino (sanidad, educación, obras públicas…).

d) Los gastos son incrementos en el patrimonio neto de la entidad puesto que se invierte en sus empleados o en la calidad de los servicios prestados.

6. El Estado de Cambios en el Patrimonio Neto informa de los cambios originados en el patrimonio neto derivados de:

a) Entre otros, de los ingresos y gastos reconocidos en el ejercicio distinguiendo aquellos que se recogen en el resultado económico patrimonial y los ingresos y gastos que se reconocen directamente en el patrimonio neto.

b) Entre otros, del total del inmovilizado de la entidad neto de sus correspondientes amortizaciones.

c) Entre otros, de las variaciones en los activos líquidos de la entidad derivadas de los cobros y pagos efectuados.

d) Entre otros, de la liquidación del presupuesto de gastos y del presupuesto de ingresos de la entidad.

7. El Estado de Flujos de Efectivo informa sobre el origen y destino de los movimientos habidos en las partidas monetarias de activo representativas de efectivo y otros activos líquidos equivalentes. El estado de flujos de efectivo se presenta desglosado en:

a) Flujos de efectivo derivados de la gestión de los activos y pasivos corrientes y de los no corrientes.

b) Flujos de efectivo brutos y netos.

c) Flujos de las actividades de gestión, de inversión, de financiación y los que se encuentran pendientes de clasificación.

d) Flujos de las actividades presupuestarias y extrapresupuestarias.

8. El Estado de Liquidación del Presupuesto comprende, con la debida separación, la liquidación del Presupuesto de Gastos y del Presupuesto de Ingresos de la entidad, así como el Resultado Presupuestario. Relativo a este Estado Financiero. ¿Cuál de las siguientes afirmaciones es cierta?

a) El importe de los gastos presupuestarios del Estado de Liquidación del Presupuesto y el total de gastos de la Cuenta del Resultado Económico Patrimonial coinciden para un ejercicio económico y una entidad concreta.

b) Los derechos reconocidos netos de la liquidación del presupuesto de ingresos se calculan como los derechos liquidados menos los derechos prescritos.

c) Los ingresos presupuestarios recogen los incrementos en el patrimonio neto de la entidad, ya sea en forma de entradas o aumentos en el valor de los activos, o de disminución de los pasivos, siempre que no tengan su origen en aportaciones patrimoniales, monetarias o no, de la entidad propietaria cuando actúe como tal.

d) La liquidación del presupuesto de gastos muestra el presupuesto aprobado, las modificaciones realizadas y el presupuesto definitivo. Estas cifras se comparan con los gastos liquidados mediante obligaciones reconocidas e importes pagados.

9. La Memoria completa, amplía y comenta la información contenida en los otros documentos que integran las cuentas anuales. En el modelo de memoria del Plan General de Contabilidad Pública se recoge la información mínima a cumplimentar y esta incluye:

a) El plan estratégico de la entidad.

b) La evaluación de riesgos y valoración del entorno de la entidad.

c) Indicadores financieros, patrimoniales y presupuestarios.

d) Información sobre los funcionarios en plantilla y en situaciones especiales.

10. La información incluida en las Cuentas Anuales debe cumplir los siguientes requisitos:

a) Entre otros el de claridad logrando que no haga falta tener un conocimiento de la entidad para comprender el significado de la información que contienen.

b) Entre otros el de fiabilidad describiendo con exactitud las operaciones económicas atendiendo a su forma jurídica.

c) Entre otros el de relevancia recogiendo todos los datos económicos a los que se ha tenido acceso aunque carezcan de importancia relativa.

d) Entre otros el de comparabilidad de forma que se pueda establecer una comparación con la información de otras entidades, así como con la de la propia entidad correspondiente a diferentes períodos.

En MADTEST tienes **más preguntas de este tema**, y todos tus avances quedan registrados y se reflejan en el ranking.

¡Supera tus límites con MADTEST!

Solución al test n.º 37

1. a) Suministrar información útil para la toma de decisiones y constituir un medio para la rendición de cuentas de la entidad por los recursos que le han sido confiados.

2. b) El Balance, la Cuenta del Resultado Económico Patrimonial, el Estado de Cambios en el Patrimonio Neto, el Estado de Flujos de Efectivo, el Estado de Liquidación del Presupuesto y la Memoria.

3. d) El activo incluye todos los bienes, derechos y otros recursos controlados económicamente por la entidad, resultantes de sucesos pasados, de los que es probable que la entidad obtenga en el futuro rendimientos económicos o un potencial de servicio.

4. b) El dinero en efectivo o cualquier otro medio líquido equivalente debe clasificarse como activo corriente.

5. a) Los aprovisionamientos y las transferencias y subvenciones concedidas son dos partidas de Gastos de Gestión Ordinaria.

6. a) Entre otros, de los ingresos y gastos reconocidos en el ejercicio distinguiendo aquellos que se recogen en el resultado económico patrimonial y los ingresos y gastos que se reconocen directamente en el patrimonio neto.

7. c) Flujos de las actividades de gestión, de inversión, de financiación y los que se encuentran pendientes de clasificación.

8. d) La liquidación del presupuesto de gastos muestra el presupuesto aprobado, las modificaciones realizadas y el presupuesto definitivo. Estas cifras se comparan con los gastos liquidados mediante obligaciones reconocidas e importes pagados.

9. c) Indicadores financieros, patrimoniales y presupuestarios.

10. d) Entre otros el de comparabilidad de forma que se pueda establecer una comparación con la información de otras entidades, así como con la de la propia entidad correspondiente a diferentes períodos.

TEST N.º 38

Ordenación del gasto y ordenación del pago: órganos competentes, fases del procedimiento y documentos contables que intervienen. Liquidación y cierre del ejercicio

1. La autorización de gasto es:

a) El acto por el cual se acuerda su realización calculado en forma cierta o aproximada.
b) La operación de contraer en cuentas los créditos exigibles a la Comunidad Autónoma.
c) El acto por el cual se determina la cuantía concreta de la autorización del gasto.
d) La operación en virtud de la cual el ordenador competente expide, en relación con una obligación reconocida, la orden de pago contra la Tesorería de la Comunidad).

2. El documento contable del reconocimiento de la obligación es el documento:

a) K.
b) O.
c) D.
d) A.

3. El documento contable de disposición es el documento:

a) K.
b) O.
c) D.
d) A.

4. El documento contable de la autorización de la obligación es el documento:

a) K.
b) O.

c) D.
d) A.

5. Corresponde al Gobierno de Aragón autorizar los gastos de los Departamentos y Organismos cuando se trate de:

a) Expedientes de contratación de valor estimado superior a dos millones de euros.
b) Acuerdos de concesión de subvenciones por importe superior a un millón de euros.
c) Acuerdos de concesión de subvenciones por importe superior a novecientos mil euros.
d) Expedientes de contratación de valor estimado superior a novecientos mil euros.

6. Con respecto a los pagos:

a) El Ordenador General de Pagos de la Comunidad es el Consejero competente en materia de Hacienda las funciones, no pudiendo delegarse dicha función.
b) Sí pueden delegarse.
c) No se podrán habilitar ordenaciones de pagos secundarias.
d) Se habilitarán obligatoriamente ordenaciones de pagos secundarias.

7. Deberá acompañarse a las órdenes de pago el documento o acta acreditativa de haberse efectuado la comprobación material de la inversión por el órgano gestor en el caso de subvenciones de capital superiores a:

a) 90.000 euros.
b) 60.101,21 euros.
c) 30.050,60 euros.
d) 120.202,42 euros.

8. Será preceptivo solicitar la designación de representante de la Intervención general para el acto de comprobación material de la inversión de los fondos públicos en el supuesto de que las subvenciones de capital concedidas excedieran de:

a) 90.000 euros.
b) 180.303,63 euros.
c) 200.000 euros.
d) 120.202,42 euros.

9. El Presupuesto de cada ejercicio se liquidará, en cuanto a la recaudación de derechos, el:

a) 30 de noviembre del año natural correspondiente.
b) 1 enero del ejercicio siguiente.
c) 15 enero del ejercicio siguiente.
d) 31 de diciembre del año natural correspondiente.

10. Las operaciones de cierre del ejercicio presupuestario son reguladas por:

a) Orden del titular de la Consejería competente en materia de Hacienda.
b) Ley.
c) Decreto.
d) Decreto Legislativo.

En MADTEST tienes **más preguntas de este tema**, y todos tus avances quedan registrados y se reflejan en el ranking.

¡Supera tus límites con MADTEST!

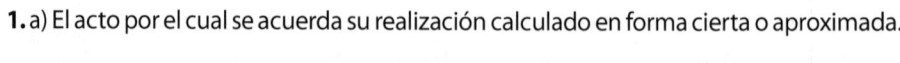

Solución al test n.º 38

1. a) El acto por el cual se acuerda su realización calculado en forma cierta o aproximada.

2. b) O.

3. c) D.

4. d) A.

5. c) Acuerdos de concesión de subvenciones por importe superior a novecientos mil euros.

6. b) Sí pueden delegarse.

7. a) 90.000 euros.

8. c) 200.000 euros.

9. d) 31 de diciembre del año natural correspondiente.

10. a) Orden del titular de la Consejería competente en materia de Hacienda.

Control del gasto público. Clases. Especial referencia del control de legalidad. El Tribunal de Cuentas. La Cámara de Cuentas de Aragón

1. La Cámara de Cuentas de Aragón está regulada por:

a) La Ley 11/2009.
b) La Ley 5/2006.
c) La Decreto 1/2009.
d) La Decreto Ley 11/2009.

2. La función interventora es un control de:

a) Legalidad.
b) Interno.
c) Administrativo.
d) Todas las respuestas anteriores son correctas.

3. El ejercicio de la función interventora comprenderá:

a) La intervención crítica o previa de ciertos actos, documentos o expedientes susceptibles de producir derechos u obligaciones de contenido económico o movimiento de fondos o valores.
b) La intervención formal de la ordenación del gasto.
c) La intervención material del pago.
d) La intervención de la aplicación o empleo de las cantidades destinadas a cubrir gastos financieros, que comprenderán tanto la intervención material como el examen documental.

4. El Tribunal de Cuentas está regulado en la Constitución Española en el artículo:

a) 135.
b) 128.
c) 142.
d) 136.

5. El Tribunal de Cuentas está regulado en la:

a) LO 2/1982.
b) Ley 2/1980.
c) Ley 2/1982.
d) LO 2/1980.

6. El Presidente del Tribunal de Cuentas es nombrado por un período de:

a) Tres años.
b) Cuatro años.
c) Cinco años.
d) Seis años.

7. El Pleno del Tribunal de Cuentas está integrado por:

a) Doce Consejeros de Cuentas, sin incluir al Presidente.
b) Doce Consejeros de Cuentas, uno de los cuales es el Presidente.
c) Siete Consejeros de Cuentas, sin incluir al Presidente.
d) Veinte Consejeros de Cuentas, uno de los cuales es el Presidente.

8. El Pleno se reunirá:

a) Una vez al menos dentro de cada mes.
b) Dos veces al menos dentro de cada mes.
c) Una vez cada dos meses.
d) Una vez cada tres meses.

9. El quórum para la válida constitución del Pleno es de:

a) Mayoría simple de sus componentes.
b) Mayoría absoluta de sus componentes.
c) Dos tercios de sus componentes.
d) Tres quintos de sus componentes.

10. Corresponde a la Sección de Enjuiciamiento del Tribunal de Cuentas:

a) Preparar la Memoria de las actuaciones jurisdiccionales del Tribunal durante el ejercicio económico correspondiente y formular la oportuna propuesta al Pleno.

b) Someter al Pleno las modificaciones que deban introducirse en la estructura de la Sección, así como la creación de nuevas Salas cuando el número de los asuntos lo aconseje.

c) Sentar los criterios con arreglo a los cuales debe efectuarse el reparto de asuntos entre las Salas y entre los Consejeros de la Sección de Enjuiciamiento.

d) Todas las respuestas anteriores son correctas.

En MADTEST tienes **más preguntas de este tema**, y todos tus avances quedan registrados y se reflejan en el ranking.

¡Supera tus límites con MADTEST!

Solución al test n.º 39

1. a) La Ley 11/2009.

2. d) Todas las respuestas anteriores son correctas.

3. c) La intervención material del pago.

4. d) 136.

5. a) LO 2/1982.

6. a) Tres años.

7. b) Doce Consejeros de Cuentas, uno de los cuales es el Presidente.

8. a) Una vez al menos dentro de cada mes.

9. c) Dos tercios de sus componentes.

10. d) Todas las respuestas anteriores son correctas.

TEST N.º 40

Gastos para la compra de bienes y servicios. Gastos y transferencias corrientes y de capital. Gastos de inversión

1. El artículo 32 del Texto Refundido de la Ley de Hacienda de la Comunidad Autónoma de Aragón establece que los estados de gastos se ajustarán a una clasificación:

a) Orgánica, funcional, desagregada en programas y económica, especificando la clasificación territorial de los gastos de inversión que proceda, por provincias y, en su caso, por ámbito comarcal.

b) Económica, entre otras, agrupando los créditos según la naturaleza de las actividades a realizar.

c) Orgánica y funcional entre otras, agrupando los créditos por los órganos que han recaudado la financiación necesaria.

d) Territorial, entre otras, desagregando los gastos corrientes y de capital a nivel de entidad local a la que vayan destinados.

2. La Orden de 6 de junio de 2025, del Departamento de Hacienda, Interior y Administración Pública por la que se dictan Instrucciones para la elaboración del Presupuesto de la Comunidad Autónoma de Aragón para el ejercicio 2026 detalla los capítulos, artículos, conceptos y subconceptos en los que se articula la clasificación económica de los gastos:

a) Los capítulos 1 a 8 recogen las operaciones no financieras, corrientes y de capital, y el capítulo 9 incluye el fondo de contingencia de ejecución presupuestaria.

b) Los capítulos 1 a 4 recogen las operaciones no financieras corrientes; el capítulo 5 recoge el fondo de contingencia de ejecución presupuestaria; los capítulos 6 y 7 recogen las operaciones no financieras de capital y los capítulos 8 y 9 recogen las operaciones financieras.

c) Los capítulos 1 a 4 recogen las operaciones no financieras corrientes; los capítulos 5 y 6 recogen respectivamente las transferencias y subvenciones de capital y las inversiones corrientes; los capítulos 7 a 9 recogen las operaciones financieras incluyendo el fondo de contingencia.

d) Los capítulos 1 a 3 recogen los gastos por compras de bienes y servicios; el capítulo 4 recoge los gastos por transferencias de capital; el capítulo 5 recoge el fondo de contingencia; el capítulo 6 recoge el gasto por inversiones reales.

3. La Resolución de 20 de enero de 2014, de la Dirección General de Presupuestos, por la que se establecen los códigos que definen la clasificación económica describe los gastos que pueden ser financiados con cargo al Capítulo 2 del Presupuesto:

a) Se aplicarán a este capítulo todo tipo de retribuciones e indemnizaciones, incluidas las aportaciones a planes de pensiones, a satisfacer a todo su personal por razón del trabajo realizado por este y, en su caso, del lugar de residencia obligada del mismo, así como las cotizaciones obligatorias a satisfacer por los sujetos indicados.

b) Se aplicarán a este capítulo la carga financiera por intereses de todo tipo de deudas emitidas, contraídas o asumidas tanto en moneda nacional como en moneda extranjera, cualquiera que sea la forma en que se encuentren representadas: Gastos de emisión, modificación y cancelación de las deudas anteriormente indicadas, carga financiera por intereses de todo tipo de depósitos y fianzas recibidas, otros rendimientos y diferencias de cambio, rendimientos implícitos, entendiéndose por tales el gasto que surge de la diferencia entre el precio de emisión y el de reembolso de deuda, ya sea por emitirse bonos bajo la par y amortizarse por su nominal, o por amortizarse créditos con penalizaciones que se computan dentro de esta partida, intereses de demora y otros gastos financieros.

c) Se aplicarán a este capítulo los pagos, condicionados o no, efectuados por la Administración sin contrapartida directa por parte de los agentes receptores, los cuales destinan estos fondos a financiar gastos de naturaleza corriente y las indemnizaciones a satisfacer por la Administración como consecuencia del funcionamiento de los servicios públicos siempre que por su naturaleza no deban imputarse a otros capítulos.

d) Se aplicarán a este capítulo los gastos corrientes en bienes y servicios, necesarios para el ejercicio de las actividades que no originen un aumento de capital o del patrimonio público. Son imputables a este capítulo los gastos originados por la adquisición de bienes que reúnan algunas de las características siguientes: ser bienes fungibles, tener una duración previsiblemente inferior al ejercicio presupuestario, no ser susceptibles de inclusión en inventario y ser, previsiblemente, gastos reiterativos.

4. El Documento de trabajo número 2 de la Intervención General del gobierno de Aragón de 15 de enero de 2014 se refiere a la fiscalización de los gastos protocolarios y de representación. ¿Cuál de las siguientes afirmaciones es correcta respecto al documento mencionado?

a) Se define el gasto protocolario como todo aquel gasto originado por ceremonias o celebraciones de carácter institucional, visitas oficiales entre autoridades pertenecientes a otras Administraciones Públicas y los gastos que llevan aparejados.

b) Los gastos protocolarios deben referirse a actos que tengan un fin institucional y necesariamente relacionado con los fines de la Administración Pública de la Comunidad Autónoma de Aragón.

c) Pueden imputarse a este crédito presupuestario los gastos realizados por la presidencia de la Comunidad, los Altos Cargos y asimilados de la Administración de la Comunidad Autónoma y sus organismos públicos y aquellos otros cargos o personas que estén autorizados a ello.

d) Todas las afirmaciones anteriores son correctas.

5. El Real Decreto 462/2002, de 24 de mayo, sobre indemnizaciones por razón de servicio describe los cuatro supuestos que dan origen a indemnización o compensación:

a) Dieta, kilometraje, peaje y alojamiento.

b) Indemnización de residencia eventual, desplazamiento en medio de transporte público, coste del aparcamiento y reembolso de gastos de manutención.

c) Comisión de servicio con derecho a indemnización, desplazamientos dentro del término municipal por razón de servicio, traslado de residencia y asistencias por concurrencia a Consejos de Administración u órganos colegiados.

d) Gastos derivados de la comisión de servicio que deba ser desempeñada fuera del término municipal donde radique la dependencia donde el empleado está ubicado; gastos de dietas, alojamiento, viaje en vehículo propio y gasto del aparcamiento.

6. El Real Decreto 462/2002, de 24 de mayo, sobre indemnizaciones por razón de servicio, define la comisión de servicio con derecho a indemnización:

a) Una comisión de servicio con derecho a indemnización es aquel cometido especial que circunstancialmente se ordena a un empleado público y que debe desempeñar fuera del término municipal donde radique su domicilio.

b) Una comisión de servicio con derecho a indemnización es aquel cometido especial de duración inferior a una semana que circunstancialmente se ordena a un empleado público y que debe desempeñar fuera del término municipal donde radique su domicilio.

c) Una comisión de servicio con derecho a indemnización es aquel cometido especial que circunstancialmente se ordena a un empleado público y que debe desempeñar fuera del término municipal donde radique su residencia oficial, entendiéndose como tal el término municipal correspondiente a la oficina o dependencia en que desarrolla las actividades del puesto de trabajo habitual.

d) Una comisión de servicio con derecho a indemnización es aquel cometido especial que circunstancialmente se ordena a un empleado público y que debe desempeñar en una provincia diferente a aquella donde radique su residencia oficial, entendiéndose como tal la correspondiente a la oficina o dependencia en que desarrolla las actividades del puesto de trabajo habitual.

7. La Orden de 27 de abril de 2007, del Departamento de Salud y Consumo, establece los requisitos y condiciones mínimas así como las condiciones económicas, aplicables a los conciertos para la prestación de servicios sanitarios con medios ajenos al Sistema de Salud de Aragón. Entre otros, esta normativa establece las modalidades de concertación:

a) El contrato marco para la realización de procedimientos, procesos y actividades a celebrar con todas las instituciones sanitarias privadas que manifiesten su interés, entre otras modalidades.

b) El convenio singular de colaboración, complementario de la red pública, que se realiza con entidades públicas o privadas sin ánimo de lucro, entre otras modalidades.

c) El convenio singular de colaboración de carácter sustitutorio y que se realiza con la institución sanitaria cuya ubicación sea la adecuada para atender a la población que no se encuentre bien cubierta por la red pública, con independencia de su régimen jurídico y de financiación.

d) El contrato de gestión de servicios públicos bajo la modalidad de concesión administrativa.

8. En los conciertos sanitarios se establecen las siguientes modalidades de pago:

a) En todo caso la tarifa por proceso, asignando una tarifa global homogénea por patologías o grupo de diagnóstico determinados según las diferentes actuaciones practicadas al enfermo.

b) La tarifa será la que se incluye en la Resolución de 30 de julio de 2012, de la Dirección Gerencia del Servicio Aragonés de Salud, sobre revisión de las tarifas a aplicar por la prestación de servicios sanitarios a terceros obligados al pago o a usuarios sin derecho a asistencia sanitaria en la Comunidad Autónoma de Aragón.

c) Tarifa por proceso, tarifa por la prestación individualizada o mediante tarifa global.

d) La tarifa será la que se incluye en la Resolución de 30 de julio de 2012, de la Dirección Gerencia del Servicio Aragonés de Salud, sobre revisión de las tarifas a aplicar por la prestación de servicios sanitarios a terceros obligados al pago o a usuarios sin derecho a asistencia sanitaria en la Comunidad Autónoma de Aragón minorada en un 20 %.

9. El artículo 30 del Texto Refundido de la Ley de Hacienda de la Comunidad Autónoma de Aragón indica que el ejercicio presupuestario coincidirá con el año natural y a él serán imputados las obligaciones derivadas de gastos realizados dentro del año natural y reconocidas hasta el fin del mes de diciembre. El artículo 38 del citado texto permite la adquisición de determinados compromisos de gastos del Capítulo 2 con cargo a ejercicios futuros:

a) Entre otros el arrendamiento de bienes inmuebles a utilizar por la Comunidad Autónoma o por los organismos y sociedades mercantiles de ella dependientes.

b) Entre otros la concesión de préstamos para la financiación de viviendas protegidas de promoción pública o privada.

c) Entre otros las cargas derivadas del endeudamiento.

d) Entre otros las transferencias de capital y las inversiones reales.

10. El artículo 36 del Texto Refundido de la Ley de Hacienda de la Comunidad Autónoma de Aragón indica que los créditos para gastos se destinarán exclusivamente a las finalidades específicas para las que hayan sido autorizados por la ley de Presupuestos o por las modificaciones aprobadas conforme a la ley. La Ley 17/2023, de 22 de diciembre, de Presupuestos de la Comunidad Autónoma de Aragón para el ejercicio 2024 establece las siguientes vinculaciones para los créditos del capítulo 2:

a) Todos los créditos del capítulo 2 vincularán a nivel de subconcepto.

b) Todos los créditos del capítulo 2 vinculan a nivel de concepto a excepción de los créditos destinados a atenciones protocolarias y representativas, gastos de divulgación y promoción, así como los de reuniones y conferencias, que vinculan por subconcepto.

c) Todos los créditos del capítulo 2 vinculan a nivel de artículo a excepción de los créditos del artículo 26 que serán vinculantes por concepto y los créditos destinados a atenciones protocolarias y representativas, gastos de divulgación y promoción, así como los de reuniones y conferencias, que vinculan por subconcepto.

d) Todos los créditos del capítulo 2 vinculan a nivel de capítulo a excepción de los créditos del artículo 26 que serán vinculantes por concepto y los créditos destinados a atenciones protocolarias y representativas, gastos de divulgación y promoción, así como los de reuniones y conferencias, que vinculan por subconcepto.

En MADTEST tienes **más preguntas de este tema**, y todos tus avances quedan registrados y se reflejan en el ranking.

¡Supera tus límites con MADTEST!

Solución al test n.º 40

1. a) Orgánica, funcional, desagregada en programas y económica, especificando la clasificación territorial de los gastos de inversión que proceda, por provincias y, en su caso, por ámbito comarcal.

2. b) Los capítulos 1 a 4 recogen las operaciones no financieras corrientes; el capítulo 5 recoge el fondo de contingencia de ejecución presupuestaria; los capítulos 6 y 7 recogen las operaciones no financieras de capital y los capítulos 8 y 9 recogen las operaciones financieras.

3. d) Se aplicarán a este capítulo los gastos corrientes en bienes y servicios, necesarios para el ejercicio de las actividades que no originen un aumento de capital o del patrimonio público. Son imputables a este capítulo los gastos originados por la adquisición de bienes que reúnan algunas de las características siguientes: ser bienes fungibles, tener una duración previsiblemente inferior al ejercicio presupuestario, no ser susceptibles de inclusión en inventario y ser, previsiblemente, gastos reiterativos.

4. d) Todas las afirmaciones anteriores son correctas.

5. c) Comisión de servicio con derecho a indemnización, desplazamientos dentro del término municipal por razón de servicio, traslado de residencia y asistencias por concurrencia a Consejos de Administración u órganos colegiados.

6. c) Una comisión de servicio con derecho a indemnización es aquel cometido especial que circunstancialmente se ordena a un empleado público y que debe desempeñar fuera del término municipal donde radique su residencia oficial, entendiéndose como tal el término municipal correspondiente a la oficina o dependencia en que desarrolla las actividades del puesto de trabajo habitual.

7. b) El convenio singular de colaboración, complementario de la red pública, que se realiza con entidades públicas o privadas sin ánimo de lucro, entre otras modalidades.

8. c) Tarifa por proceso, tarifa por la prestación individualizada o mediante tarifa global.

9. a) Entre otros el arrendamiento de bienes inmuebles a utilizar por la Comunidad Autónoma o por los organismos y sociedades mercantiles de ella dependientes.

10. d) Todos los créditos del capítulo 2 vinculan a nivel de capítulo a excepción de los créditos del artículo 26 que serán vinculantes por concepto y los créditos destinados a atenciones protocolarias y representativas, gastos de divulgación y promoción, así como los de reuniones y conferencias, que vinculan por subconcepto.

Pagos: concepto y clasificación. Pagos por obligaciones presupuestarias. Pago "en firme" y a "justificar". Justificación de libramientos

1. Atendiendo a la forma de los pagos, estos se clasifican:

a) En cheque y formalización.
b) En reales, virtuales y mixtos.
c) En firme y a justificar.
d) Por operaciones presupuestarias y extrapresupuestarias.

2. Los pagos "a justificar" están regulados en Aragón por:

a) La Ley General Presupuestaria.
b) No hay regulación propia.
c) El Decreto 232/1999.
d) La Ley de Presupuestos de Aragón.

3. Las operaciones de cierre del ejercicio se regulan:

a) En la Ley de Presupuestos.
b) Por Decreto.
c) Por Orden.
d) Por Instrucciones.

4. Se entiende por anticipos de caja fija:

a) Las provisiones de todo tipo de fondos que se realicen a las Cajas pagadoras de los distintos Departamentos y organismos autónomos, para la atención inmediata y posterior aplicación a los créditos correspondientes del presupuesto del año en que se realicen, de gastos de menor cuantía en bienes y servicios y los de carácter periódico o repetitivo, siempre que no resulte posible o conveniente su pago por el procedimiento ordinario al acreedor directo y final, circunstancia esta debidamente apreciada por la Intervención General.

b) Las provisiones de fondos de carácter extrapresupuestario y permanente que se realicen a las Cajas pagadoras de los distintos Departamentos y organismos autónomos, para la atención inmediata y posterior aplicación a los créditos correspondientes del presupuesto del año en que se realicen, de gastos de menor cuantía en bienes y servicios y los de carácter periódico o repetitivo, siempre que no resulte posible o conveniente su pago por el procedimiento ordinario al acreedor directo y final, circunstancia esta debidamente apreciada por la Intervención General.

c) Las provisiones de fondos de carácter presupuestario y temporal que se realicen a las Cajas pagadoras de los distintos Departamentos y organismos autónomos, para la atención inmediata y posterior aplicación a los créditos correspondientes del presupuesto del año en que se realicen, de gastos de menor cuantía en bienes y servicios y los de carácter periódico o repetitivo, siempre que no resulte posible o conveniente su pago por el procedimiento ordinario al acreedor directo y final, circunstancia esta debidamente apreciada por la Intervención General.

d) Las provisiones de fondos de carácter extrapresupuestario y permanente que se realicen a las Cajas pagadoras de los distintos Departamentos y organismos autónomos, para la atención inmediata y posterior aplicación a los créditos correspondientes del presupuesto del año en que se realicen, de gastos de menor cuantía en bienes y servicios y los de carácter periódico o repetitivo, siempre que resulte posible o conveniente su pago por el procedimiento ordinario al acreedor directo y final, circunstancia esta debidamente apreciada por la Intervención General.

5. La cuantía global de los anticipos de caja fija:

a) Será establecida por la persona titular de la Consejería de Hacienda.

b) Lo anterior, si bien no podrá exceder para cada Departamento u organismo autónomo del 7 % del total de los créditos del capítulo o capítulos destinados a gastos en bienes y servicios del presupuesto vigente en cada momento.

c) Lo dicho en la letra a), si bien no podrá exceder para cada Departamento u organismo autónomo del 4 % del total de los créditos del capítulo o capítulos destinados a gastos en bienes y servicios del presupuesto vigente en cada momento.

d) Lo que establezca la persona titular de la Consejería de Hacienda, sin límite cuantitativo.

6. No podrán realizarse con cargo al anticipo de caja fija pagos individualizados superiores a:

a) 6.010,12 euros.
b) 9.015,18 euros.
c) 3.750 euros.
d) 12.020,24 euros.

7. No podrán realizarse con cargo al anticipo de caja fija pagos individualizados superiores:

a) Un mes desde la percepción de los correspondientes fondos y en todo caso antes del último día hábil del ejercicio presupuestario.

b) Tres meses desde la percepción de los correspondientes fondos y en todo caso antes del último día hábil del ejercicio presupuestario.

c) Cuatro meses desde la percepción de los correspondientes fondos y en todo caso antes del último día hábil del ejercicio presupuestario.

d) Dos meses desde la percepción de los correspondientes fondos y en todo caso antes del último día hábil del ejercicio presupuestario.

8. El titular de la Consejería competente en materia de Hacienda podrá, justificada y excepcionalmente, ampliar el plazo señalado en el apartado anterior hasta:

a) Un mes.
b) Tres meses.
c) Seis meses.
d) Nueve meses.

9. En caso de no obtener el reintegro, se pondrá en conocimiento del titular del Departamento u órgano competente del organismo autónomo a fin de que inicie las acciones precisas para salvaguardar los derechos de la Hacienda de la Comunidad. Dicho reintegro se tendrá que hacer en un plazo de:

a) 15 días.
b) Un mes.
c) Dos meses.
d) Tres meses.

10. De acuerdo con la norma por la que se regulan los anticipos de Caja Fija y los Pagos a Justificar:

a) Los gastos del ejercicio 2018 no podrán imputarse a las cuentas justificativas de 2017.

b) Los intereses producidos por los fondos durante el último trimestre o en el ejercicio completo, en su caso, deberán estar ingresados en su totalidad por los cajeros pagadores en la Tesorería General o en la de los organismos autónomos a fecha 1 de enero del ejercicio siguiente.

c) Los gastos del ejercicio 2017 podrán imputarse a las cuentas justificativas de 2018.

d) Los intereses producidos por los fondos durante el último trimestre o en el ejercicio completo, en su caso, deberán estar ingresados en su totalidad por los cajeros pagadores en la Tesorería General o en la de los organismos autónomos a fecha 31 de diciembre.

En MADTEST tienes **más preguntas de este tema**, y todos tus avances quedan registrados y se reflejan en el ranking.

¡Supera tus límites con MADTEST!

Solución al test n.º 41

1. b) En reales, virtuales y mixtos.

2. c) El Decreto 232/1999.

3. c) Por Orden.

4. b)Las provisiones de fondos de carácter extrapresupuestario y permanente que se realicen a las Cajas pagadoras de los distintos Departamentos y organismos autónomos, para la atención inmediata y posterior aplicación a los créditos correspondientes del presupuesto del año en que se realicen, de gastos de menor cuantía en bienes y servicios y los de carácter periódico o repetitivo, siempre que no resulte posible o conveniente su pago por el procedimiento ordinario al acreedor directo y final, circunstancia esta debidamente apreciada por la Intervención General.

5. b) Lo anterior, si bien no podrá exceder para cada Departamento u organismo autónomo del 7 % del total de los créditos del capítulo o capítulos destinados a gastos en bienes y servicios del presupuesto vigente en cada momento.

6. c) 3.750 euros.

7. b) Tres meses desde la percepción de los correspondientes fondos y en todo caso antes del último día hábil del ejercicio presupuestario.

8. c) Seis meses.

9. a) 15 días.

10. d) Los intereses producidos por los fondos durante el último trimestre o en el ejercicio completo, en su caso, deberán estar ingresados en su totalidad por los cajeros pagadores en la Tesorería General o en la de los organismos autónomos a fecha 31 de diciembre.

TEST N.º 42

Retribuciones del personal estatutario. Nóminas: estructura y normas de confección. Altas y Bajas: su justificación. Sueldo, trienios, pagas extraordinarias, complementos y otras remuneraciones. Devengo y liquidación de derechos económicos

1. La ley 55/2003 estructura el sistema retributivo del personal estatutario en:

a) Retribuciones básicas, complementarias y productividad.
b) Retribuciones básicas, complementarias y específicas.
c) Retribuciones básicas, complementarias y pagas extra.
d) Retribuciones básicas y complementarias.

2. Conforme al Estatuto Marco del Personal Estatutario, las retribuciones básicas son:

a) El sueldo, los trienios y las pagas extraordinarias.
b) El salario base, los trienios y las pagas extras.
c) El sueldo, los quinquenios y las pagas extraordinarias.
d) Ninguna es correcta.

3. No es una retribución complementaria:

a) El complemento de destino.
b) El complemento específico.
c) El complemento de productividad.
d) El complemento de antigüedad.

4. El complemento de productividad:

a) Remunera al personal para atender a los usuarios de los servicios sanitarios de manera permanente.
b) Retribuye las condiciones particulares de algunos puestos en atención a su especial dificultad técnica, dedicación, responsabilidad, incompatibilidad, peligrosidad o penosidad.

c) Es el correspondiente al puesto que desempeñe.

d) Retribuye al especial rendimiento, interés o la iniciativa del titular del puesto.

5. El complemento específico:

a) Remunera al personal para atender a los usuarios de los servicios sanitarios de manera permanente.

b) Retribuye las condiciones particulares de algunos puestos en atención a su especial dificultad técnica, dedicación, responsabilidad, incompatibilidad, peligrosidad o penosidad.

c) Es el correspondiente al nivel del puesto que se desempeñe.

d) Retribuye el especial rendimiento, interés o la iniciativa del titular del puesto.

6. Señala cuál de las siguientes no es una de las tres partes de la estructura de la nómina:

a) Estados justificativos de la nómina.

b) Período de la nómina.

c) Cuerpo de nómina.

d) Resúmenes de nómina.

7. La liquidación de trienios extendida por el órgano de gestión de personal del Departamento al que esté adscrito su Cuerpo o Escala servirá para justificar:

a) Las altas por reingreso al servicio activo procedente de otras situaciones.

b) Las altas de funcionarios de nuevo ingreso.

c) Las altas de funcionarios procedentes de traslado.

d) Las altas de contratados laborales de nuevo ingreso.

8. Las altas de contratados laborales de nuevo ingreso se justifican con:

a) La formalización de la toma de posesión.

b) El acuerdo de nombramiento o disposición del BOE.

c) Copia de la hoja de servicios.

d) Todas las respuestas son correctas.

9. Señala la respuesta incorrecta:

a) El cuerpo de nómina contiene los datos o información de cabecera mediante los que se identifican el Ministerio u Organismo al que corresponde, la Habilitación, la clase de nómina atendiendo al tipo de personal y el período.

b) Se considera "alta en nómina" la inclusión en la misma de un perceptor que no figuraba en la del mes anterior.

c) Las bajas por cambio de puesto de trabajo se justifican con el acuerdo de cese y su formalización.

d) La denominada hoja resumen de nómina debe ir firmada por el Habilitado y el funcionario y recoge los importes íntegros, líquidos y netos que deben coincidir con los totalizados en el Cuerpo de la nómina.

10. Las altas en nómina pueden ser por:

a) Nuevo ingreso.
b) Reingreso al servicio activo.
c) Traslado.
d) Todas las opciones anteriores son correctas.

En MADTEST tienes **más preguntas de este tema**, y todos tus avances quedan registrados y se reflejan en el ranking.

¡Supera tus límites con MADTEST!

Solución al test n.º 42

1. d) Retribuciones básicas y complementarias.

2. a) El sueldo, los trienios y las pagas extraordinarias.

3. d) El complemento de antigüedad.

4. d) Retribuye al especial rendimiento, interés o la iniciativa del titular del puesto.

5. b) Retribuye las condiciones particulares de algunos puestos en atención a su especial dificultad técnica, dedicación, responsabilidad, incompatibilidad, peligrosidad o penosidad.

6. b) Período de la nómina.

7. a) Las altas por reingreso al servicio activo procedente de otras situaciones.

8. c) Copia de la hoja de servicios.

9. d) La denominada hoja resumen de nómina debe ir firmada por el Habilitado y el funcionario y recoge los importes íntegros, líquidos y netos que deben coincidir con los totalizados en el Cuerpo de la nómina.

10. d) Todas las opciones anteriores son correctas.

Los sistemas de información: conceptos generales de las tecnologías de información

1. ¿Cuál de los siguientes sistemas numéricos utiliza potencias de 8 y dígitos del 0 al 7?

a) Sistema decimal.
b) Sistema octal.
c) Sistema binario.
d) Sistema hexadecimal.

2. En el sistema hexadecimal, ¿qué letra representa el valor decimal 15?

a) A.
b) C.
c) F.
d) E.

3. ¿Cuál es la unidad básica de información en un sistema informático?

a) Bit.
b) Byte.
c) Kilobyte.
d) Nibble.

4. ¿Cuántos bytes conforman un kilobyte en el sistema binario?

a) 1000 bytes.
b) 1024 bytes.
c) 8192 bytes.
d) 8 bytes.

5. ¿Qué nombre reciben los datos que ya han sido procesados y aportan información relevante?

a) Datos de entrada.
b) Datos intermedios.

c) Información.
d) Datos alfanuméricos.

6. ¿Cuál de los siguientes tipos de datos es una representación simbólica de un atributo, sin necesidad de aportar información relevante?

a) Información.
b) Datos.
c) Procesamiento.
d) Algoritmo.

7. ¿Cuál de los siguientes no es un tipo de datos según su variación?

a) Datos fijos.
b) Datos intermedios.
c) Datos variables.
d) Constantes.

8. ¿Qué tipo de datos permite la combinación de números y letras?

a) Datos numéricos.
b) Datos alfabéticos.
c) Datos alfanuméricos.
d) Datos variables.

9. ¿Cómo se define un Sistema de Información?

a) Un conjunto de datos almacenados en una computadora.
b) Un conjunto de elementos enfocados al tratamiento de la información.
c) Un tipo de base de datos que solo almacena información.
d) Un software utilizado para gestionar archivos.

10. ¿Cuál es un elemento esencial para el correcto funcionamiento de un sistema de información?

a) La velocidad del procesador.
b) La correcta identificación de los procesos a realizar.
c) La cantidad de memoria RAM instalada.
d) La interfaz gráfica del sistema.

En MADTEST tienes **más preguntas de este tema**, y todos tus avances quedan registrados y se reflejan en el ranking.

¡Supera tus límites con MADTEST!

Solución al test n.º 43

1. b) Sistema octal.

2. c) F.

3. a) Bit.

4. b) 1024 bytes.

5. c) Información.

6. b) Datos.

7. b) Datos intermedios.

8. c) Datos alfanuméricos.

9. b) Un conjunto de elementos enfocados al tratamiento de la información.

10. b) La correcta identificación de los procesos a realizar.

TEST N.º 44

Nociones de informática: El ordenador, Dispositivos centrales y periféricos. Redes informáticas. El microprocesador. Soportes informáticos

1. ¿Qué parte del ordenador realiza las operaciones matemáticas?

a) La unidad de control.
b) El acumulador.
c) El contador de programa.
d) La ALU.

2. ¿Qué sistema de comunicación entre la unidad de E/S y la CPU es el más rápido?

a) Polling.
b) Interrupciones.
c) DMA.
d) Ninguno de los anteriores.

3. ¿Dónde almacenaría la información personal de forma permanente?

a) En la memoria RAM.
b) En la memoria caché, que es más rápida que la RAM.
c) En un disco duro, porque se puede almacenar de forma permanente.
d) En los registros de la CPU, que son los más rápidos.

4. Cada una de las divisiones de una pista en un disco duro es:

a) Un cilindro.
b) Un sector.
c) Un clúster.
d) Un registro.

5. ¿Qué tipo de CD debes elegir si deseas regrabar los datos varias veces?

a) CD-ROM.
b) CD-R.

c) CD-RW.
d) CD-DA.

6. ¿Qué tipo software controla el hardware?

a) Un lenguaje de programación de bajo nivel.
b) Un lenguaje de programación de alto nivel.
c) Un programa de aplicación.
d) Un sistema operativo.

7. ¿Qué tipo de programa trabaja con gran cantidad de datos numéricos y realiza operaciones de cálculo complejas?

a) Procesador de texto.
b) Hoja de cálculo.
c) Base de datos.
d) ALU.

8. Si escucha un tono largo al arrancar el ordenador, ¿qué puede estar pasando?

a) No hay alimentación.
b) El altavoz está roto.
c) No está instalado el módulo de memoria.
d) Fallo del teclado.

9. Cuando se dice que la CPU va a 100 Mega Herzios (MHz), ¿a qué se refiere?

a) Que tiene un almacenamiento de 100 Megas.
b) Que tiene un consumo de 100 Megas.
c) Que su frecuencia de reloj es de 100 MHz.
d) Ninguna de las respuestas anteriores es correcta.

10. Las distintas de partes de un ordenador están conectadas mediante:

a) No están conectadas.
b) Buses.
c) Sólo están conectadas en la estructura Von Neumann.
d) Ninguna de las anteriores.

En MADTEST tienes **más preguntas de este tema**, y todos tus avances quedan registrados y se reflejan en el ranking.

¡Supera tus límites con MADTEST!

Solución al test n.º 44

1. d) La ALU.

2. c) DMA.

3. c) En un disco duro porque se puede almacenar de forma permanente.

4. b) Un sector.

5. c) CD-RW.

6. d) Un sistema operativo.

7. b) Hoja de cálculo.

8. c) No está instalado el módulo de memoria.

9. c) Que su frecuencia de reloj es de 100 MHz.

10. b) Buses.

TEST N.º 45

**Los sistemas operativos más frecuentes.
Sus elementos comunes. Comandos básicos.
Administrador de archivos.
Administrador de impresión. Impresoras**

1. ¿Cuál de las siguientes funciones no corresponde al sistema operativo?

a) Gestión de la CPU.
b) Gestión de la memoria principal.
c) Se almacenan los datos personales del usuario.
d) Gestión de la entrada/salida.

2. ¿Cuál de los siguientes sistemas operativos tiene un interfaz sólo de líneas de comandos?

a) Windows.
b) Linux.
c) Ubuntu.
d) Ms-Dos.

3. ¿Cuál de los siguientes sistemas operativos sustituyó al MS-Dos?

a) Ubuntu.
b) Windows.
c) LInux.
d) Android.

4. El sistema operativo de los ordenadores MAC se denomina:

a) Ubuntu.
b) Kubuntu.

c) OS X.
d) Lubuntu.

5. ¿Qué versión de Windows da soporte a los ordenadores de 64 bits?

a) Windows Vista.
b) Windows XP.
c) Windows 98.
d) Ninguno de las anteriores son correctas.

6. ¿Cuál es la primera versión de Windows que permite extraer dispositivos externos sin tener que reiniciar el ordenador?

a) Windows Vista.
b) Windows 7.
c) Windows 98.
d) Windows XP.

7. Para abrir la línea de comando de Windows, ¿qué comando hay que escribir en el menú de inicio?

a) Comando.
b) Cmd.
c) Cdm.
d) Commmand.

8. ¿Cuál de las siguientes características no es propia del sistema operativo Linux es?

a) Propietario.
b) Se puede distribuir libremente.
c) Se puede modificar libremente.
d) Se puede utilizar sin tenerlo instalado en el ordenador a través de un DVD con distribución Live.

9. ¿Cuál de las siguientes distribuciones no es de Linux?

a) Ubuntu.
b) Kubuntu.
c) Debían.
d) Rubuntu.

10. En Linux, ¿cómo se denomina al usuario que tiene todos los permisos del equipo?

a) Administrador.
b) Usuario primario.
c) Root.
d) Ninguno de los anteriores es correcto.

En MADTEST tienes **más preguntas de este tema**, y todos tus avances quedan registrados y se reflejan en el ranking.

¡Supera tus límites con MADTEST!

Solución al test n.º 45

1. c) Se almacenan los datos personales del usuario.

2. d) Ms-Dos.

3. b) Windows.

4. c) OS X.

5. a) Windows Vista.

6. d) Windows XP.

7. b) Cmd.

8. a) Propietario.

9. d) Rubuntu.

10. c) Root.

TEST N.º 46

Herramientas ofimáticas: Procesadores de texto, bases de datos, hoja de cálculo, paquetes informáticos integrados y correo electrónico

1. ¿Cómo se llama el Tipo de Letra usada en un documento?

a) Formato de Fuente.
b) Fuente.
c) Las opciones a) y b) son correctas.
d) Ninguna es correcta.

2. En el grupo Fuente, el botón de subíndice:

a) Alza el texto seleccionado por debajo de la línea de base.
b) Desciende el texto seleccionado sobre la línea de base.
c) Las opciones a) y b) son correctas.
d) Ninguna es correcta.

3. En la celda activa de Excel 2016 podemos introducir:

a) Fórmulas y Tablas de datos.
b) Fórmulas y datos constantes.
c) Las opciones a) y b) son correctas.
d) Ninguna es correcta.

4. Las constantes de Excel 2016 pueden ser valores:

a) Numéricos y de tipo texto.
b) Horas y Fechas.
c) Las opciones a) y b) son correctas.
d) Ninguna es correcta.

5. La extensión de una BBDD nueva en Access 2016 es:

a) Acddb.
b) Accdb.

c) Acdbb.
d) Ninguna es correcta.

6. Los nombres de los campos de Access 2016 tienen una longitud máxima de:

a) 128 caracteres.
b) 64 caracteres.
c) 256 caracteres.
d) Ninguna es correcta.

7. Di cuáles son direcciones de correo válidas:

a) persona@proveedorcom
b) www.proveedor.com
c) persona.proveedor.com
d) Ninguna es correcta.

8. La parte de la izquierda de una dirección de correo electrónico se denomina:

a) Dominio.
b) Organización.
c) Las respuestas a) y b) son correctas.
d) Ninguna es correcta.

9. ¿Cuál de las siguientes opciones se corresponde con una extensión que usa la hoja de cálculo del paquete OpenOffice?

a) .docx.
b) .ods.
c) .odt.
d) .odb.

10. Las suites ofimáticas tienen:

a) Más programas que los paquetes integrados.
b) Menos programas que los paquetes integrados.
c) Los mismos programas que los paquetes integrados.
d) Siempre tienen 7 aplicaciones.

En MADTEST tienes **más preguntas de este tema**, y todos tus avances quedan registrados y se reflejan en el ranking.

¡Supera tus límites con MADTEST!

Solución al test n.º 46

1. b) Fuente.

2. d) Ninguna es correcta.

3. b) Fórmulas y datos constantes.

4. c) Las opciones a) y b) son correctas.

5. b) Accdb.

6. b) 64 caracteres.

7. d) Ninguna es correcta.

8. d) Ninguna es correcta.

9. b) .ods.

10. a) Más programas que los paquetes integrados.

TEST N.º 47

Redes de área local: concepto. Compartición de recursos, ventajas. Red Internet: concepto. Principales navegadores. Intranet

1. Una red de una casa sería:

a) MAN.
b) LAN.
c) WAN.
d) PAM.

2. ¿Qué topología de red necesitan unos terminadores?

a) Estrella.
b) Bus.
c) Anillo.
d) Wifi.

3. ¿Qué dispositivo reduce considerablemente las colisiones?

a) Hub.
b) Concentrador.
c) Switch.
d) Router.

4. ¿Cuál de las siguientes no es una característica de una LAN?

a) Reduce gastos de equipos.
b) Reduce información redundante.
c) Facilidad de intercambio de información.
d) Son necesarias tantas conexiones de Internet como ordenadores pertenecientes a la red local.

5. ¿Qué tipo de cable UTP usaría para conectar dos ordenadores?

a) Uno recto.
b) Uno cruzado.

c) Uno mixto.
d) Ninguno de los anteriores.

6. ¿Qué tipo de cable UTP usaría para conectar un ordenador con un switch?

a) Uno recto.
b) Uno cruzado.
c) Uno mixto.
d) Ninguno de los anteriores.

7. ¿Qué es lo primero que cambiaría en la configuración de un punto de acceso?

a) Su dirección IP.
b) El protocolo de seguridad.
c) Su contraseña.
d) El estándar.

8. Para establecer una LAN (Red Local), lo habitual es:

a) Conectar todos los PC entre sí.
b) Interconectar PC a través de un servidor.
c) Usar Internet para entrar donde necesitemos.
d) Ninguna de las respuestas anteriores es correcta.

9. Para acceder a una intranet de una empresa:

a) Deberás ser empleado.
b) Deberás ser usuario autorizado.
c) Solo los directivos pueden acceder a la intranet.
d) Ninguna de las anteriores.

10. En una red de área local, se establece que el número de servidores de esa red será:

a) Un único servidor.
b) Dos servidores como mucho.
c) El número de servidores lo establecerá el administrador de la red, y será un número indeterminado.
d) Ninguna es cierta.

En MADTEST tienes **más preguntas de este tema**, y todos tus avances quedan registrados y se reflejan en el ranking.

¡Supera tus límites con MADTEST!

Solución al test n.º 47

1. b) LAN.

2. b) Bus.

3. c) Switch.

4. d) Son necesarias tantas conexiones de Internet como ordenadores pertenecientes a la red local.

5. b) Uno cruzado.

6. a) Uno recto.

7. c) Su contraseña.

8. b) Interconectar PC a través de un servidor.

9. a) Deberás ser empleado.

10. c) El número de servidores lo establecerá el administrador de la red, y será un número indeterminado.

Cómo acceder al Curso

Grupo Administrativo de la Función Administrativa
Test del temario

El uso de los códigos **es exclusivo de los compradores de los productos de Editorial MAD**. Cada producto posee un código único y de un solo uso. Es personal e intransferible y da acceso a servicios y contenidos adicionales. Editorial MAD se reserva el derecho de hacer cuantas comprobaciones sean necesarias para identificar al legítimo poseedor del código y dejar de dar servicio a quien haga uso fraudulento del mismo, además de emprender cuantas acciones legales estime oportunas según la legislación vigente.

Deberás acceder a:

mad.es/registro-campus

Si una vez aceptadas las condiciones de uso del Campus decides hacer uso del mismo, necesitarás del siguiente código de acceso junto con los códigos del resto de títulos que se exigen (si fuera el caso):

N2MX1P3BSV